초단기
新 BCT
Speaking
실전테스트

진윤영 저

멀티캠퍼스 • Hawoo

머리말

"대세는 미국, 처세는 일본, 실세는 중국"

新BCT Speaking, 선택이 아닌 필수!

한·중 자유무역협정(FTA) 시대에 맞춰 비즈니스 현장에서 능숙하게 중국어를 구사해야 하는 것은 이제 선택이 아닌 필수라는 것은 분명한 것 같습니다. 즉, 우리는 단순한 중국어 공부가 아닌, 중국인만큼 능숙한, 성공적인 비즈니스를 이끌어 낼 수 있는 중국어를 배워야 합니다. 新BCT Speaking 시험은 중국 국가기관이 공인한 유일한 비즈니스 중국어 시험으로 여러분들이 비즈니스 중국어 공부를 어떻게 시작해야 하고, 어떤 내용을 공부 해야 하는지에 있어 길라잡이 역할을 할 뿐만 아니라, 호텔예약, 계약서 작성, 업무 미팅 등 중국어로 비즈니스 상황을 얼마나 잘 처리하는지를 평가해 줄 수 있는 시험이기에 이제 더 이상 선택이 아닌 필수로 응시 해야 하는 시험이라고 감히 말할 수 있을 것 같습니다.

新BCT Speaking 공부 더 이상 헤매지 마세요!

그럼에도 불구하고 비즈니스 중국어 공부, 新BCT Speaking 시험이라 하면 많은 분들이 아마 '어렵다'라는 말을 먼저 떠올리실 것 같습니다. 비즈니스 활동과 관련된 어휘도 많고 어디서부터 어떻게 공부를 해야 할 지 난감하기 때문이라고 생각합니다. 그래서 부족하지만 조금이라도 여러분들의 新BCT Speaking 공부에 도움이 되고자 초단기 新BCT Speaking 공략에 이어 실전테스트를 출간하게 되었습니다. 新BCT Speaking 실전테스트는 어휘 정리부터 시험에 자주 출제되는 패턴 및 유형, 더 나아가 책 한 권만 공부해도 비즈니스 중국어 공부를 정리할 수 있도록, 新BCT 파일럿 테스트부터 지금까지 시험에 계속 응시하여 누구보다 더 新BCT Speaking 시험을 고민하고 노력했다고 자부하는 저와 新BCT Speaking 시험 시행기관인 멀티캠퍼스가 선보이는 국내 유일무이한 서적입니다.

초단기 BCT Speaking
실전테스트

초단기 新BCT Speaking 실전테스트

1판 1쇄 발행 2016년 8월 19일

저자 진윤영
기획 멀티캠퍼스 외국어연구소

펴낸이 박민우
기획팀 송인성, 김선명, 박종인
편집팀 박우진, 김영주, 김정아, 최미라
관리팀 임선희, 정철호, 김성언, 권주련
펴낸곳 멀티캠퍼스 하우
주소 서울시 중랑구 망우로68길 48
전화 (02)922-7090
팩스 (02)922-7092
홈페이지 http://www.hawoo.co.kr
e-mail hawoo@hawoo.co.kr
등록번호 제2014-18호

값 14,500원
ISBN 979-11-87549-03-1 13720

Copyright ⓒ 2016 by Jin Yoonyoung

All rights reserved.
No part of this publication may be reproduced, stored in a retrieval system,
or transmitted in any form or by any means, electronic, mechanical, photocopying, recording,
or otherwise, without the prior permission of the publisher.

이 책은 저작권법에 따라 보호받는 저작물이므로 무단전재와 무단복제를 금지하며,
이 책 내용의 전부 또는 일부를 이용하려면 반드시 저작권자와 출판권자의 서면 동의를 받아야 합니다.

 모범 답변 MP3 다운로드 www.opic.co.kr 접속 후 '북&앱북'에서 다운로드
실제 시험환경의 모의고사 www.opic.co.kr에서 진행 가능

新BCT Speaking 공부 더 이상 헤매지 마시고 이 책 한 권으로 쉽고 재미있게 정리해 보세요.

유쾌한 新BCT Speaking 공부가 되었으면 합니다!
"知之者不如好之者, 好之者不如乐之者(아는 이는 좋아하는 이만 못하고, 좋아하는 이는 즐기는 이만 못하다.)." 論語(논어) 雍也篇(옹야편)에 나오는 구절입니다. 비즈니스 중국어를 배우고 많이 아는 것도 중요하지만 재미있게 즐길 수 있는 공부가 되시길 바랍니다. 또한 본서가 여러분들의 유쾌한 新BCT Speaking 공부에 도움이 되었으면 합니다.

마지막으로 본서가 나오기 까지 정말 많이 도와주신 멀티캠퍼스 식구들, 특히 주영진 부장님, 계영아 부장님, 김경아 대리님, 서혜미 대리님께 감사 드립니다. 또한 항상 응원해주시는 저의 박흥수 지도교수님, 외대 대학원 식구들, 항상 기운 북돋아 주시는 저의 수강생 분들, 옆에서 저와 함께 가장 많이 고생한 우리 가족들에게도 감사 인사 전합니다.
가르치는 강사보다는 함께 고민하고 함께 공부하는 강사가 되도록 노력하겠습니다.
감사합니다.

진 윤 영

목차

- 머리말 … 4
- 新BCT Speaking 소개 … 8
- 新BCT Speaking 시험 진행 방식 및 화면 구성 … 10
- 기간별 학습 계획 … 11
- 新BCT Speaking 부분별 유형 소개 … 12

초단기 新BCT Speaking 실전테스트 01 … 15
- 1부분 快速作答 그림을 보고 간단하게 답하기 … 16
- 2부분 简短作答 질문에 간단하게 답하기 … 20
- 3부분 情景模拟 주어진 상황에 맞게 말하기 … 24
- 4부분 意见表述 의견 말하기 … 27
- 5부분 看图描述 그림을 보고 이야기 만들기 … 30

초단기 新BCT Speaking 실전테스트 02 … 31
- 1부분 快速作答 그림을 보고 간단하게 답하기 … 32
- 2부분 简短作答 질문에 간단하게 답하기 … 36
- 3부분 情景模拟 주어진 상황에 맞게 말하기 … 40
- 4부분 意见表述 의견 말하기 … 43
- 5부분 看图描述 그림을 보고 이야기 만들기 … 46

초단기 新BCT Speaking 실전테스트 03 … 47
- 1부분 快速作答 그림을 보고 간단하게 답하기 … 48
- 2부분 简短作答 질문에 간단하게 답하기 … 52

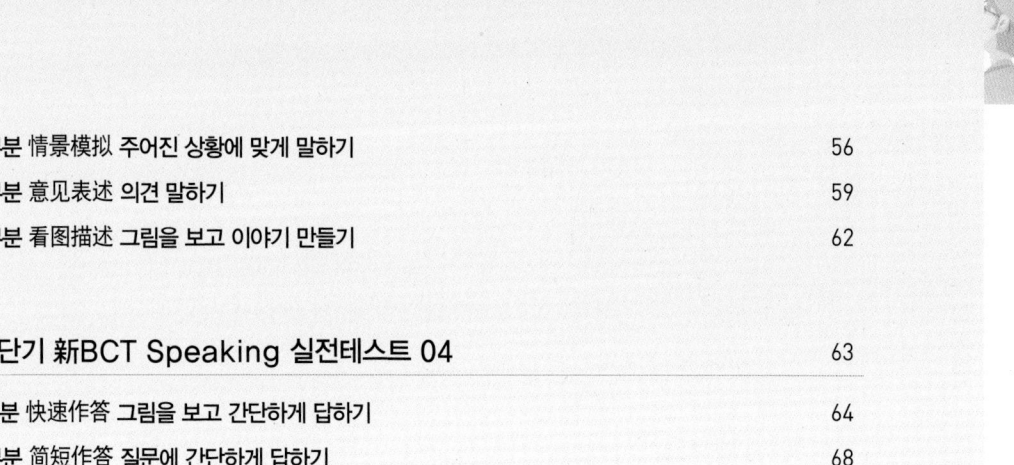

3부분 情景模拟 주어진 상황에 맞게 말하기	56
4부분 意见表述 의견 말하기	59
5부분 看图描述 그림을 보고 이야기 만들기	62

초단기 新BCT Speaking 실전테스트 04   63

1부분 快速作答 그림을 보고 간단하게 답하기	64
2부분 简短作答 질문에 간단하게 답하기	68
3부분 情景模拟 주어진 상황에 맞게 말하기	72
4부분 意见表述 의견 말하기	75
5부분 看图描述 그림을 보고 이야기 만들기	78

초단기 新BCT Speaking 실전테스트 05   79

1부분 快速作答 그림을 보고 간단하게 답하기	80
2부분 简短作答 질문에 간단하게 답하기	84
3부분 情景模拟 주어진 상황에 맞게 말하기	88
4부분 意见表述 의견 말하기	91
5부분 看图描述 그림을 보고 이야기 만들기	94

- 모범답변 및 해설   96
- 부록 (단어장)   171

新BCT Speaking 소개

1 新BCT(Business Chinese Test) Speaking 이란?

新BCT Speaking은 일반적인 업무 상황, 비즈니스 활동 및 일상 생활 중의 중국어 말하기 능력을 평가하는 시험입니다.

2 新BCT Speaking의 특징

(1) 컴퓨터로 진행되는 말하기 시험

응시자는 개별 컴퓨터를 배정받아 시험을 보게 됩니다. 오리엔테이션과 실제 시험이 모두 컴퓨터를 통해 진행되며, 응시자는 컴퓨터에 장착된 헤드셋을 통해 문제를 듣고 헤드셋 마이크로 답변을 녹음하게 됩니다.

(2) 응시자 개인별 맞춤형 문제 출제

시험 전 진행되는 설문조사의 결과에 따라 개별 응시자에게 맞춤형 문제가 제공됩니다. 특히 처음에 선택한 난이도(초급/중급/고급)는 시험 중 매 문제에 대한 답변이 끝날 때마다 재조정(쉬움/적당함/어려움)할 수 있습니다.

(3) 문제 유형과 소재의 다양화로 응시자의 중국어 실력을 객관적으로 평가

新BCT Speaking은 총 5개 부분으로 구성되어 있으며, 부분별로 다른 유형의 문제가 출제됩니다. 또한 비즈니스 활동, 업무 상황 외에 일상 생활 관련 소재의 문제도 출제되어 응시자의 중국어 실력을 객관적으로 평가합니다.

3 新BCT Speaking의 구성 및 시험 시간

新BCT Speaking은 총 5개 부분으로 구성되어 있으며, 총 15문제가 출제됩니다. 오리엔테이션 및 설문조사를 포함한 전체 시험 소요시간은 약 35분(OT 약 15분, 시험 약 20분)입니다.

구분	내용	문항 수(개)	준비 시간(초)	답변 시간(초)
1 부분	快速作答 그림을 보고 간단하게 답하기	4	5	10
2 부분	简短作答 질문에 간단하게 답하기	4	5	20
3 부분	情景模拟 주어진 상황에 맞게 말하기	3	20	60
4 부분	意见表述 의견 말하기	3	20	70
5 부분	看图描述 그림을 보고 이야기 만들기	1	50	120

4 新BCT Speaking의 점수 체계 및 점수대 별 말하기 능력 설명

(1) 新BCT Speaking 점수 체계

구분	1 부분	2 부분	3 부분	4 부분	5 부분	합계
문항수(개)	4	4	3	3	1	15
부분별 만점(점)	80	100	120	120	80	500

(2) 新BCT Speaking 점수대 별 말하기 능력 설명

점수	말하기 능력 설명
0~110	• 발음이 부정확하며 이해하기 힘든 부분도 많습니다. • 제한된 단어와 간단한 구조는 사용할 수 있으나, 틀린 부분이 매우 많아 커뮤니케이션에 심각한 영향을 미칠 수 있습니다. • 말하는 데 있어 휴지(休止)가 매우 적절하지 못하며, 휴지(休止)의 시간이 깁니다. • 정확한 묘사나 설명은 힘들어나 본인이 아는 다른 표현을 활용하여 설명할 수 있습니다.
111~220	• 발음 문제가 분명하게 드러나고 때로는 이해하는데 지장을 줍니다. • 일정한 어휘량을 보유하고 있으나, 간혹 정확하게 사용하지 못하여 의미 전달이 불분명합니다. • 일부 비교적 고정적으로 상용되는 구와 단문은 유창하게 구사하는 편이나, 자신이 문장을 만들어서 말할 때는 유창하지 않으며 적절하지 않은 휴지(休止)가 많은 편입니다.
221~330	• 약간의 발음 문제가 있으나 대체로 이해하는데 지장이 없습니다. • 상당한 어휘량을 보유하고 있으며 일부 상용 비즈니스 단어를 사용할 수 있습니다. 잘못 사용하는 부분도 있으나 대체로 커뮤니케이션에 영향을 미치지 않습니다. • 대부분 유창하게 말하지만 복잡한 내용을 표현할 때는 조금 힘들어하며, 부적절한 휴지(休止)가 있습니다. • 표현에 일관성이 있으며, 간단하지만 논리적으로 말할 수 있습니다.
331~430	• 개별적인 발음의 문제는 있으나 이해하는데 지장은 없습니다. • 어휘량이 상당히 풍부하며 상용 비즈니스 단어를 적절하게 사용할 수 있습니다. • 커뮤니케이션 요구에 따라 자연스럽게 복잡한 문형을 사용할 수 있고, 실수가 있어도 의미 전달에 영향을 주지 않습니다. • 표현이 비교적 적절하고 논리적이며 연결성 있게 말할 수 있습니다.
431~500	• 개별적인 발음의 문제는 있으나 이해하는데 전혀 지장을 주지 않습니다. • 어휘량이 상당히 풍부하고 상용 비즈니스 단어를 적절하게 사용할 수 있으며 문장이 매끄럽습니다. • 표현이 매우 적절하고 논리적이며 조리 있게 말할 수 있습니다. • 명확한 이유를 들어 설명할 수 있으며, 본인의 의사와 태도를 정확하게 전달할 수 있습니다.

5 新BCT Speaking 시험 관련 정보 확인

시험 일정 및 센터, 시험 접수, 성적 확인 등 新BCT Speaking 시험 관련 내용은 한국BCT사업본부 홈페이지 www.bctkorea.co.kr 에서 확인 가능합니다.

新BCT Speaking 시험 진행 방식 및 화면 구성

1. 실제 시험 전 신분 확인 및 오리엔테이션(개인 정보 입력, 헤드셋 점검, 설문 조사 등)이 진행됩니다.
2. 매 문제의 답변이 끝난 후 난이도를 재조정 할 수 있습니다. '쉬움/적당함/어려움' 중 선택할 수 있으며, 선택하지 않을 경우, 쉬움으로 간주하고 다음 문항 난이도는 어렵게 설정됩니다. .
3. 준비 시간 필요 없이 바로 답변하기 원할 경우 '준비 및 답변' 버튼(◯)을 클릭하면 됩니다.

新BCT Speaking 시험 화면 구성

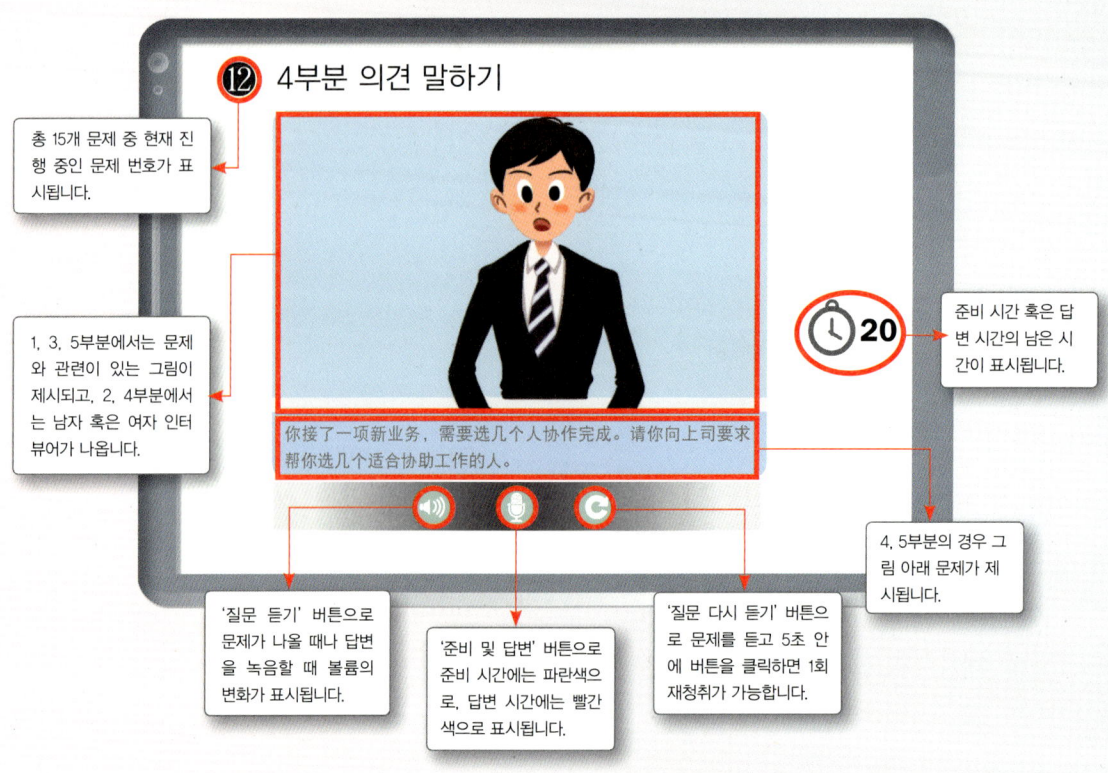

기간별 학습 계획

초단기
BCT Speaking
실전테스트

■ 기본 4주 완성(주 5일)

	월	화	수	목	금
1주	실전테스트 01	실전테스트 01 복습 1~2부분	실전테스트 01 복습 3부분	실전테스트 01 복습 4부분~5부분	실전테스트 02
2주	실전테스트 02 복습 1~2부분	실전테스트 02 복습 3부분	실전테스트 02 복습 4부분~5부분	실전테스트 03	실전테스트 03 복습 1~2부분
3주	실전테스트 03 복습 3부분	실전테스트 03 복습 4부분~5부분	실전테스트 04	실전테스트 04 복습 1~2부분	실전테스트 04 복습 3부분
4주	실전테스트 04 복습 4부분~5부분	실전테스트 05	실전테스트 05 복습 1~2부분	실전테스트 05 복습 3부분	실전테스트 05 복습 4부분~5부분

■ 속성 2주 완성(주 5일)

	월	화	수	목	금
1주	실전테스트 01 복습 1~2부분	실전테스트 01 복습 3~5부분	실전테스트 02 복습 1~2부분	실전테스트 02 복습 3~5부분	실전테스트 03 복습 1~2부분
2주	실전테스트 03 복습 3~5부분	실전테스트 04 복습 1~2부분	실전테스트 04 복습 3~5부분	실전테스트 05 복습 1~2부분	실전테스트 05 복습 3~5부분

新BCT Speaking 부분별 유형 소개

新BCT Speaking은 총 5가지 유형으로 출제 됩니다.
각 부분별 유형을 익혀 실전에 대비 합니다.

第一部分 | 快速作答 그림을 보고 간단하게 답하기 - 4道题

제1부분은 그림을 보고 질문에 맞는 답변을 간단하게 하는 유형입니다. 이 부분은 총 4문제가 출제되며, 마지막 4번 문제는 그림에 대한 묘사 보다는 본인의 상황에 맞게 답변하는 질문이 자주 출제됩니다. 각 문제 별 준비시간은 5초이고 답변 시간은 10초 입니다.

예시

问题: 她在做什么运动?

第二部分 | 简短作答 질문에 간단하게 답하기 - 4道题

제2부분은 일상 및 직장생활과 관련된 화제에 대한 질문을 듣고 개인의 의견을 간단하게 설명하는 문제입니다. 각 문제 별 준비시간은 5초이고 답변 시간은 20초 입니다.

예시

问题: 请问, 附近有中国银行吗?

第三部分 | 情景模拟 주어진 상황에 맞게 말하기 - 3道题

제3부분은 제시된 구체적인 상황을 듣고 설명, 안내 또는 문제해결을 하는 역할극 문제로 출제됩니다. 실제로 그 상황에 처해 있다고 생각하고 자연스럽게 답변을 하면 됩니다. 각 문제 별 준비시간은 20초이고 답변 시간은 60초 입니다.

예시

问题: 你们公司要举行新产品发布会, 请你打电话邀请李总参加, 告诉他产品发布会时间、地点等信息。

第四部分 | 意见表述 의견 말하기 - 3道题

제4부분은 화면에 제시된 질문을 듣고 자신의 생각을 논리적으로 말하는 문제입니다. 비즈니스에 관련 된 화제에 대해 토론하거나 자신의 의견과 근거를 밝히는 유형입니다. 각 문제 별 준비시간은 20초이고 답변 시간은 70초 입니다. 준비시간이 짧고 답변시간이 긴 만큼 다양한 실전테스트를 통해 의견을 조리 있게 표현하는 방법을 연습합니다.

> 예시
>
> 问题：你觉得公司应该给员工提供培训吗？为什么？

第五部分 | 看图描述 그림을 보고 이야기 만들기 - 1道题

제5부분은 화면에 4개의 연속된 그림과 질문이 함께 제시되며 하나의 완전한 이야기를 만드는 문제입니다. 그림과 질문을 보면서 답변으로 요구하는 내용이 무엇인지 파악하고 각각의 그림마다 균등하게 시간을 나누어서 답변하도록 합니다. 문제 별 준비시간은 50초이고 답변 시간은 120초 입니다.

> 예시
>
> 问题：昨天你和同事王丽去了新强公司洽谈合作事宜。今天向你的老板汇报一下工作进展情况。

실전테스트 01

①
第一部分 | 快速作答 그림을 보고 간단하게 답하기

진행률 1/15

준비시간 5초
답변시간 10초

01 실전테스트

❷ 第一部分 | 快速作答 그림을 보고 간단하게 답하기

진행률 2/15

준비시간 5초
답변시간 10초

실전테스트 01

❸

第一部分 | 快速作答 그림을 보고 간단하게 답하기

진행률 3/15

준비시간 5초
답변시간 10초

01 실전테스트

④

第一部分 | 快速作答 그림을 보고 간단하게 답하기

진행률 4/15

준비시간 5초
답변시간 10초

실전테스트 01

❺ 第二部分 | 简短作答 질문에 간단하게 답하기

진행률 5/15

준비시간 5초
답변시간 20초

01 실전테스트

第二部分 | 简短作答 질문에 간단하게 답하기

진행률 6/15

준비시간 5초
답변시간 20초

실전테스트 01

⑦ 第二部分 | 简短作答 질문에 간단하게 답하기

진행률 7/15

준비시간 5초
답변시간 20초

01 실전테스트

⑧ 第二部分 | 简短作答 질문에 간단하게 답하기

진행률 8/15

준비시간 5초
답변시간 20초

실전테스트 01

第三部分 | 情景模拟 주어진 상황에 맞게 말하기

진행률 9/15

준비시간 20초
답변시간 60초

第三部分 | 情景模拟 주어진 상황에 맞게 말하기

⑩

진행률 10/15

준비시간 20초
답변시간 60초

실전테스트 01

⑪ 第三部分 | 情景模拟 주어진 상황에 맞게 말하기

진행률 11/15

준비시간 20초
답변시간 60초

01 실전테스트

第四部分 | 意见表述 의견 말하기

진행률 12/15

人生中重要的东西很多。 有人说健康最重要，也有人说金钱最重要。你觉得人生中最重要的是什么？

준비시간 20초
답변시간 70초

실전테스트 01

⑬ 第四部分 | 意见表述 의견 말하기

진행률 13/15

有的人认为新产品的包装必须要精致才能吸引消费者，有的人认为只要商品质量好就可以。你认为新产品的包装到底重不重要？

준비시간 20초
답변시간 70초

01 실전테스트

⑭

第四部分 | 意见表述 의견 말하기

진행률 14/15

你认为职场生活中，最重要的是什么？为什么？

준비시간 20초
답변시간 70초

실전테스트 01

⑮

第五部分 | **看图描述** 그림을 보고 이야기 만들기

진행률 15/15

준비시간 50초
답변시간 120초

根据图片，说明一下这款智能手机的外观、功能以及价钱。

실전테스트 02

① 第一部分 | 快速作答 그림을 보고 간단하게 답하기

진행률 1/15

준비시간 5초
답변시간 10초

❷
第一部分 | 快速作答 그림을 보고 간단하게 답하기

진행률 2/15

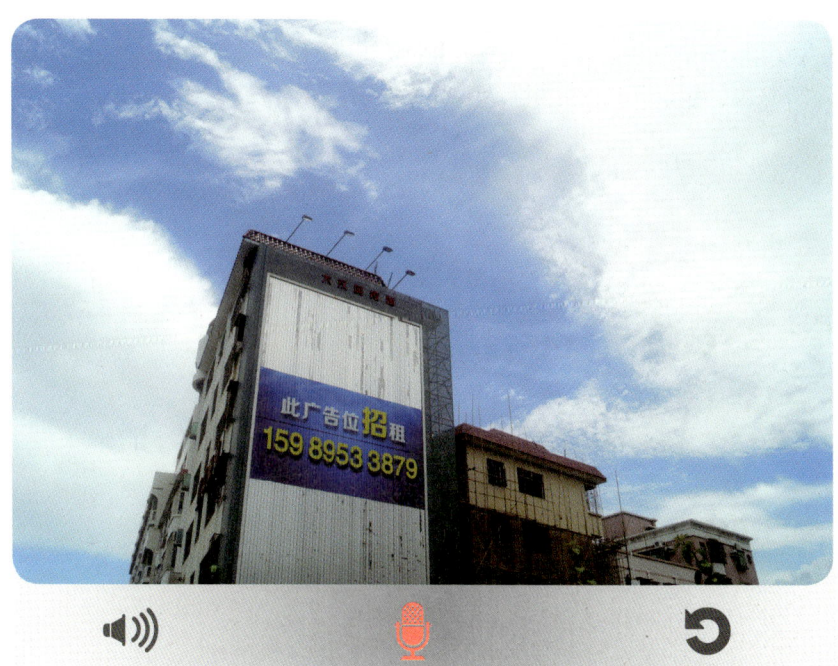

준비시간 5초
답변시간 10초

실전테스트 02

③ 第一部分 | 快速作答 그림을 보고 간단하게 답하기

진행률 3/15

준비시간 5초
답변시간 10초

④
第一部分 | 快速作答 그림을 보고 간단하게 답하기

진행률 4/15

준비시간 5초
답변시간 10초

第二部分 | 简短作答 질문에 간단하게 답하기

진행률 5/15

준비시간 5초
답변시간 20초

02 실전테스트

❻ 第二部分 | 简短作答 질문에 간단하게 답하기

진행률 6/15

준비시간 5초
답변시간 20초

실전테스트 02

7

第二部分 | 简短作答 질문에 간단하게 답하기

진행률 7/15

준비시간 5초
답변시간 20초

⑧ 第二部分 | 简短作答 질문에 간단하게 답하기

진행률 8/15

준비시간 5초
답변시간 20초

실전테스트 02

⑨

第三部分 | 情景模拟 주어진 상황에 맞게 말하기

진행률 9/15

준비시간 20초
답변시간 60초

第三部分 | 情景模拟 주어진 상황에 맞게 말하기

진행률 10/15

준비시간 20초
답변시간 60초

실전테스트 02

⑪ 第三部分 | 情景模拟 주어진 상황에 맞게 말하기

진행률 11/15

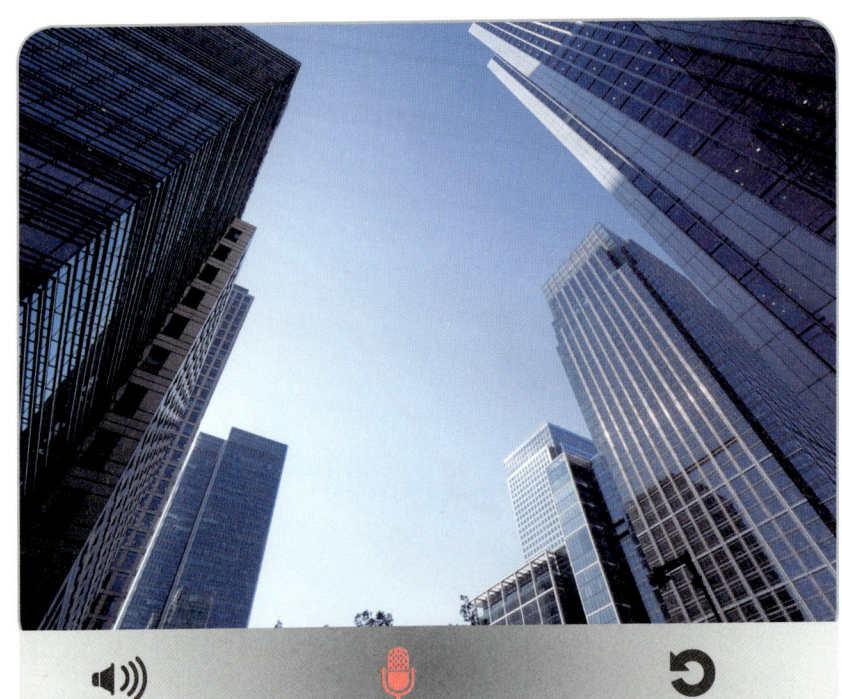

준비시간 20초
답변시간 60초

第四部分 | 意见表述 의견 말하기

生活中，我们不难发现有些人带着宠物到公共场合。对此你有什么看法？

준비시간 20초
답변시간 70초

실전테스트 02

⑬

第四部分 | 意见表述 의견 말하기

진행률 13/15

为了吸引顾客，不少品牌搞打折促销活动。有的人认为打折促销活动能增加销量，提升销售额。但有些人认为打折促销有损品牌形象。你对促销活动有什么看法？

준비시간 20초
답변시간 70초

第四部分 | 意见表述 의견 말하기

진행률 14/15

준비시간 20초
답변시간 70초

理财的方法很多，比如股票、基金、定期存款或购房等等。你认为哪种理财方法比较好？

실전테스트 02

⑮

第五部分 | 看图描述 그림을 보고 이야기 만들기

진행률 15/15

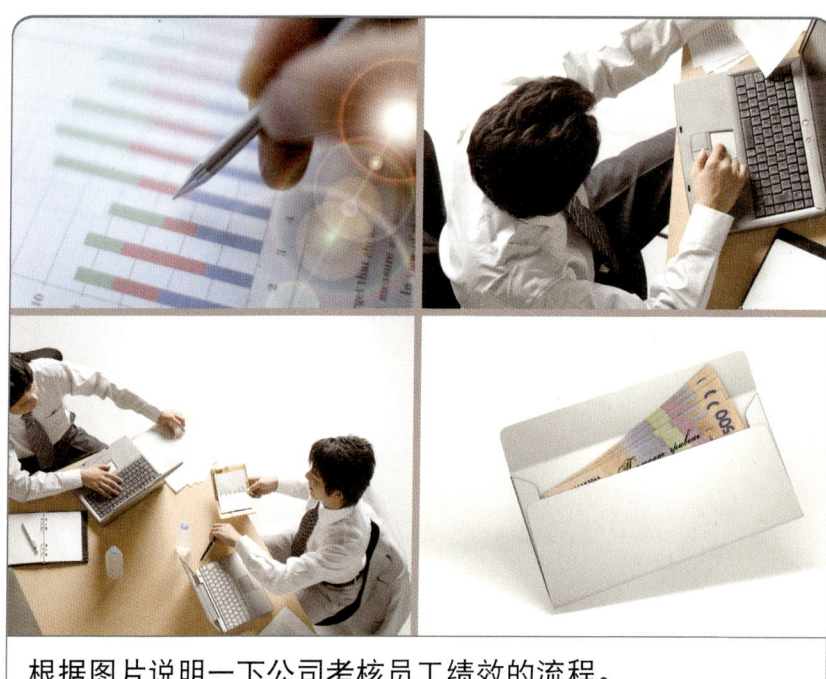

根据图片说明一下公司考核员工绩效的流程。

준비시간 50초
답변시간 120초

실전테스트 03

❶ 第一部分 | 快速作答 그림을 보고 간단하게 답하기

진행률 1/15

준비시간 5초
답변시간 10초

03 실전테스트

第一部分 | 快速作答 그림을 보고 간단하게 답하기

진행률 2/15

준비시간 5초
답변시간 10초

실전테스트 03

실전테스트 03

❸ 第一部分 | 快速作答 그림을 보고 간단하게 답하기

진행률 3/15

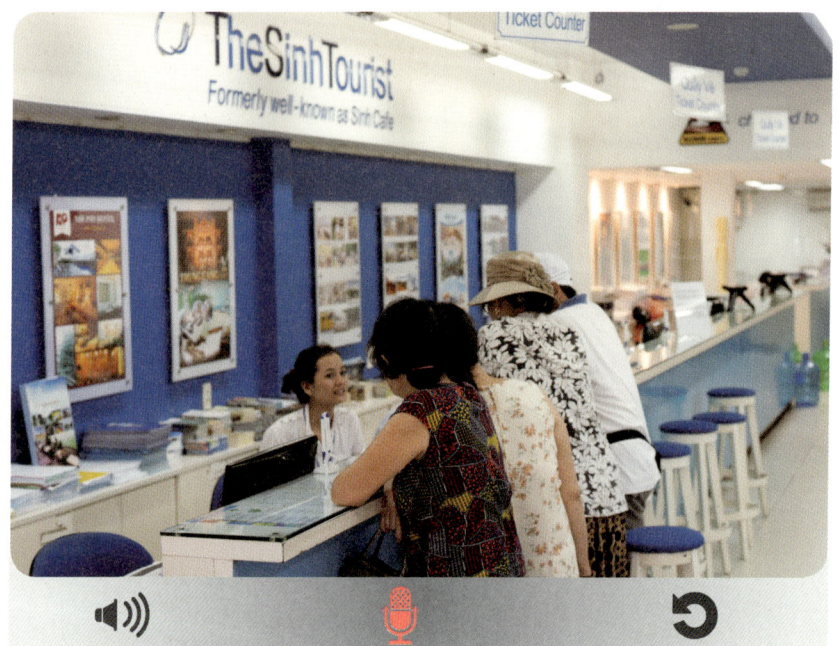

준비시간 5초
답변시간 10초

03 실전테스트

④
第一部分 | 快速作答 그림을 보고 간단하게 답하기

진행률 4/15

준비시간 5초
답변시간 10초

실전테스트 03

⑤

第二部分 | 简短作答 질문에 간단하게 답하기

진행률 5/15

준비시간 5초
답변시간 20초

03 실전테스트

❻
第二部分 | 简短作答 질문에 간단하게 답하기

진행률 6/15

준비시간 5초
답변시간 20초

실전테스트 03

⑦ 第二部分 | 简短作答 질문에 간단하게 답하기

진행률 7/15

준비시간 5초
답변시간 20초

03 실전테스트

⑧ 第二部分 | 简短作答 질문에 간단하게 답하기

진행률 8/15

준비시간 5초
답변시간 20초

실전테스트 03

⑨ 第三部分 | 情景模拟 주어진 상황에 맞게 말하기

진행률 9/15

준비시간 20초
답변시간 60초

03 실전테스트

⑩

第三部分 | **情景模拟** 주어진 상황에 맞게 말하기

진행률 10/15

준비시간 20초
답변시간 60초

실전테스트 03

⑪

第三部分 | **情景模拟** 주어진 상황에 맞게 말하기

진행률 11/15

준비시간 20초
답변시간 60초

第四部分 | 意见表述 의견 말하기

진행률 12/15

준비시간 20초
답변시간 70초

为了帮助员工尽快适应工作环境，提高工作效率，企业安排员工接受企业文化培训和岗前培训。你认为这些培训对工作有什么帮助？

실전테스트 03

第四部分 | 意见表述 의견 말하기

진행률 13/15

对于一个新项目，你认为按时完成重要还是过程中没有失误更重要？

준비시간 20초
답변시간 70초

03 실전테스트

⑭

第四部分 | 意见表述 의견 말하기

진행률 14/15

现在很多公司不允许员工之间互相公开薪资情况，你觉得这合理吗？

준비시간 20초
답변시간 70초

실전테스트 03

⑮

第五部分 | 看图描述 그림을 보고 이야기 만들기

진행률 15/15

根据图片说明一下人们跳槽的原因。

준비시간 50초
답변시간 120초

실전테스트 04

① 第一部分 | 快速作答 그림을 보고 간단하게 답하기

진행률 1/15

준비시간 5초
답변시간 10초

실전테스트 04

③
第一部分 | 快速作答 그림을 보고 간단하게 답하기

진행률 3/15

준비시간 5초
답변시간 10초

04 실전테스트

④
第一部分 | 快速作答 그림을 보고 간단하게 답하기

진행률 4/15

준비시간 5초
답변시간 10초

실전테스트 04

⑤

第二部分 | **简短作答** 질문에 간단하게 답하기

진행률 5/15

준비시간 5초
답변시간 20초

第二部分 | 简短作答 질문에 간단하게 답하기

진행률 6/15

준비시간 5초
답변시간 20초

실전테스트 04

⑦ 第二部分 | 简短作答 질문에 간단하게 답하기

진행률 7/15

준비시간 5초
답변시간 20초

第二部分 | 简短作答 질문에 간단하게 답하기

⑧

진행률 8/15

준비시간 5초
답변시간 20초

실전테스트 04

第三部分 | 情景模拟 주어진 상황에 맞게 말하기

진행률 9/15

준비시간 20초
답변시간 60초

第三部分 | 情景模拟 주어진 상황에 맞게 말하기

진행률 10/15

준비시간 20초
답변시간 60초

실전테스트 04

⑪
第三部分 | **情景模拟** 주어진 상황에 맞게 말하기

진행률 11/15

준비시간 20초
답변시간 60초

第四部分 | 意见表述 의견 말하기

你认为交通发达给人类带来了哪些好处?

준비시간 20초
답변시간 70초

실전테스트 04

第四部分 | 意见表述 의견 말하기

진행률 13/15

有一份工作工资很高，但工作量比较大，几乎天天都加班；还有一份工作工资不高，工作量也不大，还可以准时下班。你会选择哪份工作？为什么？

준비시간 20초
답변시간 70초

第四部分 | 意见表述 의견 말하기

진행률 14/15

준비시간 20초
답변시간 70초

知识型人才指的是具备一定知识，并利用知识和信息为组织创造价值的人。最近不少企业认为培养知识型人才是企业生存发展的重中之重。你觉得呢？

실전테스트 04

⑮

第五部分 | **看图描述** 그림을 보고 이야기 만들기

진행률 15/15

你是一家公司的部长。最近你接到一个新产品开发项目。请你根据图片说说项目运作流程。

준비시간 50초
답변시간 120초

실전테스트 05

❶ 第一部分 | 快速作答 그림을 보고 간단하게 답하기

진행률 1/15

준비시간 5초
답변시간 10초

05 실전테스트

第一部分 | 快速作答 그림을 보고 간단하게 답하기

진행률 2/15

준비시간 5초
답변시간 10초

실전테스트 05

③
第一部分 | 快速作答 그림을 보고 간단하게 답하기

진행률 3/15

준비시간 5초
답변시간 10초

④

第一部分 | 快速作答 그림을 보고 간단하게 답하기

진행률 4/15

준비시간 5초
답변시간 10초

실전테스트 05

第二部分 | 简短作答 질문에 간단하게 답하기

진행률 5/15

준비시간 5초
답변시간 20초

05 실전테스트

6

第二部分 | 简短作答 질문에 간단하게 답하기

진행률 6/15

준비시간 5초
답변시간 20초

실전테스트 05

⑦ 第二部分 | 简短作答 질문에 간단하게 답하기

진행률 7/15

준비시간 5초
답변시간 20초

05 실전테스트

⑧ 第二部分 | 简短作答 질문에 간단하게 답하기

진행률 8/15

준비시간 5초
답변시간 20초

실전테스트 05

⑨ 第三部分 | 情景模拟 주어진 상황에 맞게 말하기

진행률 9/15

준비시간 20초
답변시간 60초

05 실전테스트

⑩

第三部分 | 情景模拟 주어진 상황에 맞게 말하기

진행률 10/15

준비시간 20초
답변시간 60초

실전테스트 05

⑪ 第三部分 | 情景模拟 주어진 상황에 맞게 말하기

진행률 11/15

준비시간 20초
답변시간 60초

第四部分 | 意见表述 의견 말하기

진행률 12/15

如今人们对"二手商品"的态度发生了很大的改变，二手市场交易越来越活跃。对此你怎么看？

준비시간 20초
답변시간 70초

실전테스트 05

⑬

第四部分 | 意见表述 의견 말하기

진행률 13/15

준비시간 20초
답변시간 70초

无论是大企业还是中小企业，能否任用贤才是企业成功的关键。对此你怎么看？

第四部分 | 意见表述 의견 말하기

진행률 14/15

你认为"成功的人生"标准是什么？为什么？

준비시간 20초
답변시간 70초

실전테스트 05

⑮

第五部分 | 看图描述 그림을 보고 이야기 만들기

진행률 15/15

小珍是一家公司的秘书，请你根据图片说说她平时的业务。

준비시간 50초
답변시간 120초

01 실전테스트 | 第一部分 | 快速作答 그림을 보고 간단하게 답하기

 MP3 01-1

问题 1

他的主要业务是什么?
그의 주요 업무는 무엇입니까?

해설 그림을 보고 남자의 주요 업무에 대해 이야기하면 된다. 남자의 구체적인 행동에 대해서 이야기 해도 좋고, 직업을 이야기하는 것도 좋다.

主要 zhǔyào 주요적인, 주로 | 业务 yèwù 업무

回答1 他的主要业务是销售产品。
그의 주요 업무는 상품 판매입니다.

销售 xiāoshòu 판매하다 | 产品 chǎnpǐn 상품

回答2 他是营销员，主要负责销售产品。
그는 판매원으로 주로 상품 판매를 맡고 있습니다.

营销员 yíngxiāoyuán 판매원 | 负责 fùzé 책임지다

답변완성 TIP

● **主要负责~**: 주로 ~을 맡고 있다, 책임지다

예 我**主要负责**推广产品。
저는 주로 상품 홍보를 맡고 있습니다.

예 我**主要负责**人事管理。
저는 주로 인사 관리를 맡고 있습니다.

| 01 실전테스트 | 第一部分 | 快速作答 그림을 보고 간단하게 답하기 |  MP3 01-2 |

问题 2

她打算怎么去美术馆?
그녀는 미술관에 어떻게 갈 계획입니까?

해설 미술관에 가는 구체적인 방법(교통수단)에 대해 물어보는 문제이다. 그림에 나와있는 교통수단을 제시하도록 하자.

打算 dǎsuàn ~할 계획이다 | 怎么 zěnme 어떻게 | 美术馆 měishùguǎn 미술관

回答 1 她打算坐公共汽车去。
그녀는 버스를 타고 갈 계획입니다.

坐 zuò 타다, 앉다 | 公共汽车 gōnggòngqìchē 버스

上 回答 2 她打算乘坐公交车去。
그녀는 버스를 타고 갈 계획입니다.

乘坐 chéngzuò 타다, 탑승하다 | 公交车 gōngjiāochē 버스

답변완성 TIP

● 打算~: ~할 계획이다

  예 你周末打算干什么?
  당신은 주말에 무엇을 할 계획입니까?

  예 我打算下周去中国出差。
  저는 다음주에 중국으로 출장 갈 계획입니다.

| 01 실전테스트 | 第一部分 | 快速作答 그림을 보고 간단하게 답하기  |

问题 3

她怎么了?
그녀는 어떠한가요?

해설 그림 속 인물의 구체적인 상태를 묘사하는 문제이다. 감기 걸렸다는 상황만 간단히 묘사해도 좋고, 감기 증상을 이야기해서 구체적으로 상황을 묘사해도 좋다.

回答1 她现在身体有点儿不舒服，感冒了。
그녀는 현재 몸이 좀 좋지 않습니다. 감기에 걸렸습니다.

现在 xiànzài 지금, 현재 | 身体 shēntǐ 신체, 건강 | 有点儿 yǒudiǎnr 약간, 다소 | 舒服 shūfu 편안하다 | 感冒 gǎnmào 감기, 감기에 걸리다

回答2 她感冒了，发烧、咳嗽，还流鼻涕。
그녀는 감기에 걸렸습니다. 열이 나고 기침하고, 콧물도 흘립니다.

发烧 fāshāo 열나다 | 咳嗽 késou 기침하다 | 还 hái 또, 더 | 流 liú 흐르다 | 鼻涕 bítì 콧물

답변완성 TIP

● 有点儿 vs 一点儿

1. 有点儿+형용사 : (부정적으로)조금 ~하다

   예) 这件衣服对我有点儿大。
   이 옷은 나에게 조금 크다.

   예) 她有点儿不高兴。
   그녀는 기분이 조금 나쁘다.

2. 동사/형용사+一点儿: (술어의 정도가)조금 ~하다

   예) 你多吃一点儿。
   많이 드세요.

   예) 快一点儿，我们已经来不及了。
   빨리요, 우리 이미 늦었단 말이에요.

| 01 실전테스트 | 第一部分 | 快速作答 그림을 보고 간단하게 답하기  MP3 01-4

问题 4

你一般什么时候去散步?
당신은 일반적으로 언제 산책을 갑니까?

해설 질문은 응시자의 상황에 대해서 묻고 있다. 그림은 보조수단으로 활용할 뿐 자신의 상황에 맞춰 답변하면 된다.

一般 yìbān 보통, 일반적으로 | 什么时候 shénme shíhou 언제 | 散步 sànbù 산책하다

回答1 **我一般吃完晚饭后去散步。**
저는 일반적으로 저녁을 먹은 후에 산책을 갑니다.

回答2 **我平时很忙, 所以只能抽空去散步。**
저는 평소에 매우 바빠서, 시간을 내서 산책을 갈 수밖에 없습니다.

平时 píngshí 평소, 평상시 | 忙 máng 바쁘다 | 所以 suǒyǐ 그리하여, 그래서 | 空 kòng 틈, 짬, 겨를

답변완성 TIP

● 이합사(离合词)

1. 이합사란?
   - '동사+목적어'의 구조로 이루어진 동사
   - 단어 자체에 목적어가 포함되어 있으므로, 뒤에 또 다른 목적어가 올 수 없다

   예 我毕业了大韩大学的中文系。(X)
       我毕业于大韩大学的中文系。(O)
       나는 대한대학교 중문과를 졸업했다.

2. 이합사의 예

   - 见面 [jiànmiàn] 대면을 하다(만나다)
   - 散步 [sànbù] 산책을 하다
   - 打折 [dǎzhé] 할인을 하다
   - 说话 [shuōhuà] 말을 하다
   - 上课 [shàngkè] 수업을 하다
   - 毕业 [bìyè] 졸업을 하다
   - 结婚 [jiéhūn] 결혼을 하다
   - 睡觉 [shuìjiào] 잠을 자다
   - 请假 [qǐngjià] 휴가를 내다
   - 聊天 [liáotiān] 이야기를 하다
   - 放假 [fàngjià] 방학을 하다

01 실전테스트 | 第二部分 | 简短作答 질문에 간단하게 답하기

问题 5

你对现在的收入满意吗?
당신은 현재의 수입에 만족합니까?

해설 자신의 상황에 빗대어 답변하면 된다. 수입 시스템을 구체적으로 이야기 해도 좋고 지출 내역을 설명하여 자신의 수입에 만족하는지, 혹은 불만족 하는지 답변해도 좋다. 2부분은 질문에 간단하게 답변하기 이지만 대부분 응시자의 현재 상황이나 의견 등을 물어보는 문제가 출제되므로 반드시 구체적인 이유를 들어서 답변해야 한다.

对 duì ~대하여 | 收入 shōurù 수입 | 满意 mǎnyì 만족하다

回答1 我对现在的收入很满意。我的工资比行业平均水平稍高一点儿，而且公司待遇也很好，有四大保险、津贴、股份分红等等。所以我对现在的收入很满意。

저는 현재의 수입에 만족합니다. 제 월급은 업계 평균 수준보다 조금 높은 데다가 회사의 대우도 좋고, 4대 보험, 보조금, 주식배당 등도 있습니다. 그래서 저는 현재의 수입에 만족합니다.

工资 gōngzī 월급 | 比 bǐ ~보다 | 平均 píngjūn 평균 | 一点儿 yìdiǎnr 약간, 조금 | 而且 érqiě 게다가 | 待遇 dàiyù 대우, 조건 | 保险 bǎoxiǎn 보험 | 津贴 jīntiē 보조금 | 股份分红 gǔfènfēnhóng 주식배당 | 等等 děngděng 기타, 등등

回答2 我对现在的收入不太满意。我们公司虽然给员工提供的福利比较多，但基本工资并不高。所以工资一打进帐来，扣除生活费，孩子教育费的话，手里根本剩不下什么钱。我真羡慕那些含着"金钥匙"出生的人。

저는 현재의 수입에 별로 만족하지 않습니다. 비록 저희 회사에서 직원에게 제공하는 복지가 비교적 많지만, 기본 월급은 결코 높지 않습니다. 그래서 월급이 통장으로 들어오자마자 생활비, 아이 교육비를 빼고 나면, 수중에 남는 돈이 얼마 없습니다. 저는 '금수저'를 물고 태어난 사람들이 정말 부럽습니다.

虽然 suīrán 비록 | 员工 yuángōng 직원 | 提供 tígōng 제공하다 | 福利 fúlì 복지 | 基本 jīběn 기본의, 기본적인 | 帐 zhàng 통장 | 扣除 kòuchú 공제하다, 빼다 | 教育费 jiàoyùfèi 교육비 | 根本 gēnběn 전혀, 도무지 | 剩 shèng 남다, 남기다 | 羡慕 xiànmù 부러워하다 | 含 hán 품다, 내포하다 | 金钥匙 Jīnyàoshi 금수저

답변완성 TIP

- **对~满意:** ~에 대해 만족하다
  - 예) 我对现在的生活很满意。
    나는 현재의 생활에 만족한다.
  - 예) 我对他的态度不太满意。
    나는 그의 태도에 별로 만족하지 않는다.

- **根本:** 전혀, 아예(주로 부정형으로 쓰임)
  - 예) 你根本就不用知道他是谁。
    너는 그가 누구인지 전혀 알 필요가 없어.
  - 예) 这个问题太难了，我根本回答不出来。
    이 문제는 너무 어려워서 나는 아예 대답을 할 수가 없다.

第二部分 | 简短作答 질문에 간단하게 답하기

问题 6

你大学时读的专业，跟现在的工作有关系吗?
당신의 대학 전공은 현재의 일과 관련이 있습니까?

해설 대학 때의 전공과 현재의 업무와의 관련성으로 답변하도록 하자. 관련이 있다면 전공은 무엇이고 대학 때의 전공이 현재 업무에 어떤 영향을 미치는지, 활용도는 얼마인지를 답변하면 되고, 관련이 없다면 현재의 업무를 선택하게 된 계기를 이유로 들어 답변을 마무리 하도록 하자.

读 dú 공부하다, 전공하다 | **专业** zhuānyè 전공 | **关系** guānxi 관계

回答1 有关系。我大学读的是贸易系，辅修中文专业，而我现在在一家贸易公司工作。这份工作不仅需要贸易方面的知识，还需要能说一口流利的外语。因此大学时学的知识给了我很大的帮助。

관련이 있습니다. 저의 대학 전공은 무역학이고 부전공은 중국어인데, 저는 지금 무역회사에서 일합니다. 이 일은 무역방면의 지식이 필요할 뿐만 아니라, 유창한 외국어도 할 줄 알아야 합니다. 그래서 대학 시절 배운 지식이 저에게 큰 도움을 주었습니다.

贸易 màoyì 무역 | **系** xì 학과 | **辅修** fǔxiū 부전공 | **而** ér 그리고 | **家** jiā 기업, 가게를 세는 단위 | **份** fèn 일자리를 세는 단위 | **不仅** bùjǐn ~할뿐만 아니라 | **需要** xūyào 필요하다 | **方面** fāngmiàn 방면, 분야 | **知识** zhīshi 지식 | **流利** liúlì 유창하다 | **因此** yīncǐ 그래서 | **知识** zhīshi 지식 | **帮助** bāngzhù 도움

回答2 我大学读的专业是计算机，但我现在却从事营销方面的工作。我选择计算机专业是因为当时自己对这方面比较感兴趣，但后来才发现营销这份工作能给我带来更大的挑战，所以我毫不犹豫地放弃我大学时学的专业，选择了自己喜欢的工作。

저의 대학 전공은 컴퓨터이지만, 저는 지금 마케팅 방면의 일에 종사하고 있습니다. 제가 컴퓨터 전공을 선택한 이유는 그 당시 이 방면에 흥미가 있었기 때문인데, 나중에서야 마케팅 관련 업무가 저에게 더 큰 도전을 줄 수 있음을 깨달았습니다. 그래서 조금의 망설임 없이 대학 시절의 전공을 포기하고, 제가 좋아하는 일을 선택했습니다.

计算机 jìsuànjī 컴퓨터 | **从事** cóngshì 종사하다 | **营销** yíngxiāo 마케팅, 판매하다 | **方面** fāngmiàn 방면, 분야 | **选择** xuǎnzé 선택하다 | **当时** dāngshí 당시, 그때 | **自己** zìjǐ 자기, 자신 | **对~感兴趣** duì~gǎn xìngqù ~에 대하여 흥미를 느끼다 | **后来** hòulái 그 후, 그 뒤 | **才** cái 비로소 | **发现** fāxiàn 발견하다 | **带来** dàilái 가져오다 | **挑战** tiǎozhàn 도전하다 | **毫不犹豫** háobùyóuyù 조금도 주저하지 않다 | **放弃** fàngqì 포기하다

답변완성 TIP

● **不仅~还~ : ~일 뿐만 아니라 게다가 ~하다**

예 我**不仅**喜欢看足球比赛，**还**喜欢踢足球。
저는 축구 경기 보는 것을 좋아할 뿐만 아니라, 축구하는 것도 좋아합니다.

예 你的手机声**不仅**影响别人的工作，**还**影响我的休息。
당신의 휴대폰 벨소리는 다른 사람의 업무에 영향을 줄 뿐만 아니라, 저의 휴식에도 영향을 줍니다.

● **给~带来~ : ~에게~을 가져오다**

예 加班和出差**给**我**带来**很大的压力。
야근과 출장은 저에게 큰 스트레스를 줍니다.

예 养宠物**给**我**带来**很大的快乐。
애완동물을 기르는 것은 저에게 큰 즐거움을 줍니다.

01 실전테스트 | 第二部分 | 简短作答 질문에 간단하게 답하기

问题 7

你一般怎么向主管报告你的工作情况?
당신은 일반적으로 어떻게 팀장님에게 당신의 업무 상황을 보고합니까?

해설 업무 상황 보고에 대한 답변은 어떤 방식을 사용하는지, 예를 들어 PPT, WORD, EXEL등과 같은 운영 체제에 대해서 이야기 하여도 좋고 또는 보고를 하는 과정, 예를 들어 업무 중간 중간 보고를 하는지, 최종보고를 하는지 등 다양하게 답변하면 된다.

向 xiàng ~를 향하여 | 主管 zhǔguǎn 팀장 | 报告 bàogào 보고하다

回答 1 我一般用PPT幻灯片的方式向主管报告工作情况。这样的方式可以简单明了地让主管了解到工作的进展状况，而且这种方式也是公司统一要求的。
저는 일반적으로 PPT의 방식을 사용하여 팀장님께 업무 상황을 보고합니다. 이런 방식은 간단명료하게 팀장님이 업무의 진전 상황을 이해하도록 할 수 있고, 게다가 이 방식은 회사의 통일된 요구이기도 합니다.

PPT 幻灯片 huàndēngpiàn PPT | 简单明了 jiǎndānmíngliǎo 간단명료하다 | 让 ràng ~하게 하다, 만들다 | 了解 liǎojiě 이해하다 | 进展 jìnzhǎn 진행하다 | 状况 zhuàngkuàng 상황 | 统一 tǒngyī 통일된 | 要求 yāoqiú 요구하다

上 回答 2 我会定期向主管做阶段性报告。这样不但可以确认一下我的工作方向是否正确，工作中是否有疏漏，而且还可以保证工作的顺利完成。
저는 정기적으로 팀장님에게 중간 보고를 합니다. 이렇게 하면 제 업무의 방향이 정확한지, 업무 중 누락되는 것이 있는지 없는지 확인할 수 있을 뿐 아니라 업무의 순조로운 완성도 보장할 수 있습니다.

定期 dìngqī 정기적인, 정기적으로 | 阶段 jiēduàn 단계, 계단 | 确认 quèrèn 확인하다 | 疏漏 shūlòu 누락, 빠짐

답변완성 TIP

● 宁可~也不~ : 설령 ~할지언정 ~하지 않다

예) 我**宁可**做工资高、压力大的工作，**也不**做工资少而没有压力的工作。
나는 월급이 많고 스트레스가 큰 일을 할지언정, 월급이 적고 스트레스가 없는 일은 하지 않겠다.

예) 父母**宁可**自己省吃俭用，**也不**愿意让孩子受苦。
부모는 자신이 아껴 먹고 아껴 쓸지언정 아이가 고생하는 것을 원하지 않는다.

问题 8

你在工作中遇到困难时，一般怎么解决？
당신은 업무 중 어려움에 부딪치면, 일반적으로 어떻게 해결합니까?

해설 답변은 두괄식으로 대답하는 것이 좋다. 가장 핵심적인 의견을 먼저 이야기 한 뒤 구체적인 이유를 언급하도록 하자. 문제 해결 방법에 대한 문제는 자주 출제되는 문제이니만큼 미리 모범답변을 만들어 준비하는 것이 좋다.

遇到 yùdào 만나다, 마주치다 | 困难 kùnnan 어려움 | 解决 jiějué 해결하다

回答1 我会努力自己解决问题。因为工作的负责人是我，这说明我最了解工作的内容以及问题所在。我不想因为我的事给别的同事添麻烦。
저는 스스로 문제를 해결하려고 노력합니다. 왜냐하면 업무의 책임자는 저이며, 이는 제가 업무의 내용 및 문제의 소재를 가장 잘 이해한다는 것을 뜻하기 때문입니다. 저는 제 일 때문에 다른 동료에게 폐를 끼치고 싶지 않습니다.

会 huì ~할 것이다 | 负责人 fùzérén 책임자 | 说明 shuōmíng 설명하다 | 了解 liǎojiě 이해하다 | 内容 nèiróng 내용 | 以及 yǐjí 및, 그리고, 아울러 | 所在 suǒzài 존재하는 곳 | 同事 tóngshì 동료 | 添麻烦 tiān máfan 폐를 끼치다, 번거롭게 하다

 **回答2** 我一般会请同事或主管帮我解决问题。我认为虽然这份工作由我负责，但公司的所有业务都是公司上下一起齐心协力完成的。所以我遇到问题时，大部分都会请别的同事来帮我。
저는 보통 문제를 해결하는데 동료나 팀장님께 도움을 요청합니다. 저는 비록 업무의 책임은 저에게 있더라도, 회사의 모든 업무는 회사의 상하 관계가 함께 한마음으로 협력하여 완성하는 것이라고 생각합니다. 그래서 저는 문제에 부닥칠 때, 대부분 다른 동료에게 도움을 요청합니다.

请 qǐng 부탁하다 | 或 huò 혹은, 또는 | 认为 rènwéi ~라고 생각하다 | 虽然 suīrán 비록 | 由 yóu [전] ~로 인하여, ~로 부터 | 负责 fùzé 책임지다 | 所有 suǒyǒu 모든, 전부의 | 业务 yèwù 업무 | 齐心协力 qíxīnxiélì 한마음 한 뜻으로 함께 노력하다 | 完成 wánchéng 완성하다 | 大部分 dàbùfen 대부분

답변완성 TIP

● **虽然~但(是)~** : 비록 ~하지만 그러나 ~하다

  예) 外边**虽然**下大雨，**但**我得去接朋友。
  비록 밖에 비가 많이 오지만, 나는 친구를 마중하러 가야 한다.

  예) **虽然**我手里的工作很多，**但**我一点都不觉得累。
  비록 내 수중에 업무가 많지만, 나는 조금도 피곤함을 느끼지 않는다.

01 실전테스트　第三部分 | 情景模拟　주어진 상황에 맞게 말하기  MP3 01-9

问题 9

你现在在一家饭馆。请让服务员为你推荐一下他们饭馆的特色菜。

당신은 현재 식당에 있습니다. 종업원에게 당신을 위해 그들 식당의 특색 요리를 추천해 달라고 부탁해 보세요.

해설 실제로 식당에 있다고 가정하고 답변을 하도록 하자. 구체적인 음식 이름부터, 꺼리는 음식, 가격대, 추천음식 등등 종업원에게 다양하게 물어보도록 하자.

家 jiā 식당, 가게를 세는 단위 | 饭馆 fànguǎn 식당 | 让 ràng ~하도록 하다 | 服务员 fúwùyuán 종업원 | 为 wèi ~을 위하여 | 推荐 tuījiàn 추천하다 | 特色 tèsè 독특한, 특별한 | 菜 cài 요리

回答 1　你好，请你给我推荐几道你们家的特色菜吧。我想点个海鲜套餐，最好是孩子也爱吃的套餐。价格不重要，只要全家人可以一起开开心心地吃一顿就行。对了，顺便也帮我选一瓶与海鲜套餐相配的白葡萄酒吧。

안녕하세요, 저에게 이 식당의 특색 요리를 몇 가지 추천해 주세요. 저는 해산물 세트 메뉴를 주문하고 싶은데, 아이도 좋아하는 세트 메뉴였으면 좋겠습니다. 가격은 중요하지 않고, 온 가족들이 함께 즐겁게 한 끼 먹을 수 있으면 됩니다. 아 참, 겸사겸사 해산물 세트 메뉴와 어울리는 화이트와인도 한 병 골라주세요.

海鲜 hǎixiān 해산물 | 套餐 tàocān 코스요리, 정식 | 最好 zuìhǎo 가장 좋은 것은 | 价格 jiàgé 가격 | 重要 zhòngyào 중요하다 | 只要 zhǐyào ~하기만 하면 | 开心 kāixīn 즐겁다 | 顿 dùn 끼니 | 顺便 shùnbiàn ~하는 김에, 겸사겸사 | 选 xuǎn 선택하다 | 瓶 píng 병 | 与 yǔ ~와, 과 | 相配 xiāngpèi 어울리다 | 白葡萄酒 báipútáojiǔ 화이트 와인

上 回答 2　你好，我第一次来你们饭馆儿，不知道该点什么。请你给我推荐几道你们家的特色菜，好吗？我不喜欢肉类，最好是蔬菜类。对了，我吃不惯香菜，所以别放香菜。哪道菜比较好呢？

안녕하세요, 제가 여기 처음 와서 무엇을 주문해야 할 지 모르겠습니다. 저희에게 이 식당의 특색 요리를 추천해 주시겠어요? 저는 육류를 좋아하지 않아서 채소류면 좋겠습니다. 맞다, 제가 고수를 먹지 못하니 고수를 넣지 말아주세요. 어느 요리가 비교적 좋을까요?

第一次 dìyīcì 처음, 첫 번째 | 该 gāi ~해야 한다 | 点 diǎn 주문하다 | 肉类 ròulèi 육류 | 蔬菜类 shūcàilèi 채소류 | 吃不惯 chībuguàn 입에 맞지 않는다 (못 먹는다) | 香菜 xiāngcài 고수 | 别 bié ~하지 마라 | 放 fàng 넣다

답변완성 TIP

● 只要~就~ : 단지 ~하기만 하면 ~하다

예 我**只要**出去旅游，**就**很高兴。
저는 나가서 여행하기만 하면 매우 즐겁습니다.

예 **只要**你不犯错，上司**就**不会批评你。
당신이 실수하지만 않으면, 상사는 당신을 나무라지 않을 것입니다.

● 顺便 : 겸사겸사, ~하는 김에

예 经理创立公司是想建立一个平台帮助员工实现他们的梦想，**顺便**再实现自己的梦想。
사장님이 회사를 창립한 것은 직원들이 그들의 꿈을 실현할 수 있는 무대를 만들어 주고 싶고, 겸사겸사 자신의 꿈도 실현하기 위한 것입니다.

예 **顺便**问一下，去明洞可以坐公共汽车去吗?
겸사겸사 여쭤볼게요, 명동에 가려는데 버스를 타고 갈 수 있나요?

01 실전테스트　第三部分 | 情景模拟　주어진 상황에 맞게 말하기

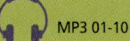

问题 10

你下个月要去国外出差，需要一张国际信用卡。请你打电话咨询办理国际信用卡的相关事宜。

당신은 다음달에 외국으로 출장을 가야 해서 해외겸용카드가 필요합니다. 전화를 걸어 해외겸용카드 발급 관련 사항을 문의해 보세요.

해설 해외겸용카드 발급 관련 사항은 구체적으로 물어보도록 하자. 발급비용, 신용한도, 예금인출 가능 한도, 발급 시 필요한 자료 등등 구체적으로 언급하도록 하자. 많은 내용을 말할수록, 즉 구체적으로 답변 한만큼 점수가 더 높게 나온다는 것을 잊지 말자.

国外 guówài 외국, 해외 | **出差** chūchāi 출장하다 | **需要** xūyào 필요하다 | **国际** guójì 국제 | **信用卡** xìnyòngkǎ 신용카드 | **咨询** zīxún 문의하다 | **办理** bànlǐ 처리하다 | **相关** xiāngguān 상관되다, 관련 있다 | **事宜** shìyí 관련된 사항, 일

回答 1　喂，你好！我想咨询一下办理国际信用卡的相关事宜。我想办张金卡，在贵行的官方网站上大概看了一下介绍，手续费是两百块，比普通卡贵一倍。那金卡的信用额度是多少？还有可以存取几种货币？最后我想知道办理金卡都需要准备哪些材料？

여보세요, 안녕하세요. 해외겸용카드 발급 관련 사항을 문의하고 싶습니다. 저는 골드카드를 발급받고 싶은데요. 공식 홈페이지에서 대략 소개를 보는데, 수속비가 200위안으로 보통카드보다 2배 비싸더라고요. 그러면 골드카드의 신용한도는 얼마인가요? 그리고 몇 가지 종류의 화폐를 예금하거나 인출할 수 있나요? 마지막으로 제가 골드카드를 발급받는데 어떠한 자료를 준비해야 하는지 알고 싶습니다.

金卡 jīnkǎ 골드카드 | **贵行** guìháng 귀사 | **官方网站** guānfāngwǎngzhàn 공식 홈페이지 | **大概** dàgài 대략, 대충 | **手续费** shǒuxùfèi 수속료 | **普通卡** pǔtōngkǎ 일반카드 | **倍** bèi 배수, 곱절 | **额度** édù 한도금액 | **存取** cúnqǔ 입·출금하다 | **货币** huòbì 화폐 | **材料** cáiliào 자료

回答 2　喂，你好！我想咨询一下办理国际信用卡的相关事宜。我想办张国内外通用的金卡，最好能自由存取美元和人民币的那种。还有这张卡的还款期限是多久？能不能用这张卡在自动提款机上转账？办理金卡时需要的身份证件复印件和工作单位的工作证明原件，我已经都准备好了。多长时间能办好？

여보세요, 안녕하세요. 해외겸용카드 발급 관련 사항을 문의하고 싶습니다. 저는 국내외에서 통용되는 골드카드로 발급받고 싶고, 가장 좋은 건 달러와 위안화를 자유롭게 인출할 수 있는 종류이면 좋겠습니다. 그리고 이 카드의 결제기간은 얼마나 되나요? 이 카드를 사용해서 ATM기에서 이체가 가능한가요? 제가 이미 골드 카드를 발급 받을 때 필요한 신분증 복사본과 직장 재직 증명서 원본은 준비해두었습니다. 발급하는데 얼마나 걸릴까요?

通用 tōngyòng 통용되다 | **自由** zìyóu 자유롭다 | **美元** Měiyuán 달러 | **人民币** Rénmínbì 인민폐, 위안화 | **种** zhǒng 종류 | **还** huán 갚다 | **期限** qīxiàn 기한 | **自动提款机** zìdòngtíkuǎnjī 예금 인출기 | **转账** zhuǎnzhàng 이체하다, 송금하다 | **身份证** shēnfènzhèng 신분증 | **复印件** fùyìnjiàn 복사본 | **工作单位** gōngzuòdānwèi 직장 | **证明原件** zhèngmíngyuánjiàn 증명서 원본

답변완성 TIP

- **倍**: 배, 배수, 곱절

  예 这个比那个贵三倍。
  이것은 저것보다 세 배 더 비싸다.

  예 他的苹果有你的两倍多。
  그의 사과는 너의 것보다 두 배 더 많다.

问题 11

你的朋友想买数码照相机，请你给她推荐一款。

당신의 친구가 디지털 카메라를 사고 싶어합니다. 그녀에게 하나 추천해 주세요.

해설 디지털 카메라의 성능과 외관, 가격대, 장점, 단점 등 다양하게 서술할 수 있다. 가전기기의 성능은 비단 3부분 뿐만 아니라 5부분에도 자주 등장하는 내용이니 만큼 전문용어는 미리미리 외워두도록 하자.

数码照相机 shùmǎzhàoxiàngjī 디지털카메라 | 推荐 tuījiàn 추천하다 | 款 kuǎn 스타일, 디자인

回答 1 我想推荐你买可来U888，价格大概在三千五百元左右。我周围的几个朋友都买了这款，评价还不错。虽然不是高档机型，但也是时下最流行的单反相机，内存容量大，超薄设计非常轻巧，携带也方便。我觉得很适合咱们这种非专业的摄影爱好者使用。

나는 너에게 커라이 U888를 사라고 추천하고 싶어. 가격은 대략 3500위안 정도야. 내 주위의 몇몇 친구가 모두 이 모델을 샀는데, 평가가 그런대로 괜찮아. 비록 고급 모델은 아니지만, 현재 가장 유행하는 DSLR 카메라이고, 메모리 용량이 크고, 슬림형 디자인이라 매우 가볍고 휴대하기에도 편리해. 나는 우리처럼 전문가가 아닌 사진 촬영 애호가가 사용하기에 매우 적합하다고 생각해.

价格 jiàgé 가격 | 大概 dàgài 아마, 대략 | 左右 zuǒyòu 정도 | 周围 zhōuwéi 주변, 주위 | 评价 píngjià 평가, 평판 | 高档 gāodàng 고급의 | 机型 jīxíng 기종 | 时下 shíxià 지금, 현재 | 流行 liúxíng 유행하다 | 单反相机 dānfǎnxiàngjī DSLR 카메라 | 内存 nèicún 메모리 | 容量 róngliàng 용량 | 超 chāo 아주, 대단히 | 薄 báo 얇다 | 设计 shèjì 디자인 | 轻巧 qīngqiǎo 가볍고 정교하다 | 携带 xiédài 휴대하다 | 方便 fāngbiàn 편리하다 | 适合 shìhé 적합하다 | 非 fēi 아니다 | 专业 zhuānyè 전문의 | 摄影 shèyǐng 촬영하다 | 爱好者 àihàozhě 애호가 | 使用 shǐyòng 사용하다

上 回答 2 我想推荐你买那款竖版的单反相机，就是文雅S80。价格大概四千元左右，在同等价位的相机中，性价比比较高。虽然不是最新型的，但内置了与高端相机相同的变焦功能，三点二英寸液晶屏幕，自带Wi-Fi连接功能，可随时与好友分享照片，我觉得你肯定会喜欢。

저는 세로그립 DSLR 원야S80을 추천해주고 싶어. 가격은 대략 4000위안 정도이고 같은 가격대 카메라 중에서 가성비가 비교적 좋아. 비록 최신형은 아니지만 고급모델과 같은 ZOOMING 기능이 있고, 3.2인치 액정화면에 Wi-Fi 기능도 탑재되어 있어 언제든지 친구와 사진을 공유할 수 있어. 나는 네가 분명 좋아할 것이라고 생각해.

竖 shù 세로의, 수직의 | 版 bǎn 버전 | 同等 tóngděng 동등하다 | 价位 jiàwèi 가격대 | 性价比 xìngjiàbǐ 가성비 | 内置 nèizhì 내장되다 | 变焦 biànjiāo 주밍(ZOOMING) | 功能 gōngnéng 기능 | 英寸 yīngcùn 인치 | 液晶 yèjīng 액정 | 屏幕 píngmù 화면 | 连接 liánjiē 연결하다 | 随时 suíshí 언제든지 | 分享 fēnxiǎng 나누다, 공유하다 | 照片 zhàopiàn 사진 | 肯定 kěndìng 분명, 확실히

01 실전테스트　第四部分 | 意见表述 의견 말하기

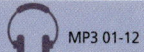

问题 12

人生中重要的东西很多。有人说健康最重要，也有人说金钱最重要。你觉得人生中最重要的是什么？

인생에서 중요한 것은 매우 많습니다. 어떤 사람은 건강이 가장 중요하다고 말하고, 또 어떤 사람은 돈이 가장 중요하다고 말합니다. 당신은 인생에서 가장 중요한 것이 무엇이라고 생각합니까?

해설　자신이 인생에서 가장 중요한 것은 무엇인지 답변하도록 하자. 많은 것들이 있지만 그래도 문제에 제시된 건강과 돈을 선택해서 답변하는 것이 좋다. 4부분 의견말하기 부분에서는 이처럼 선택 사항을 항상 함께 주기 때문에 문제에 제시된 선택 사항 중 하나를 선택하여 답변하도록 하자.

有人 yǒurén 어떤 사람 | 健康 jiànkāng 건강 | 金钱 jīnqián 돈

回答1　我觉得人生中健康最重要。如果没有健康，就算有再多的钱又有什么用呢？而且拥有健康的身体，才能到处去走走，到处去看看，感受美好的大千世界。

저는 인생에서 건강이 가장 중요하다고 생각합니다. 만약 건강하지 않으면, 설령 더 많은 돈이 있다고 한들 무슨 소용 있겠습니까? 게다가 몸이 건강해야만, 곳곳을 다니고 곳곳을 구경하며 아름답고 끝없이 광활한 세계를 느낄 수 있습니다.

如果 rúguǒ 만약 ~라면 | 就算 jiùsuàn 설령 ~라 할지라도 | 有用 yǒuyòng 쓸모 있다 | 而且 érqiě 게다가 | 拥有 yōngyǒu 소유하다, 가지다 | 到处 dàochù 도처, 곳곳 | 感受 gǎnshòu 느끼다 | 美好 měihǎo 아름답다 | 大千世界 dàqiānshìjiè 끝없이 광활한 세계

回答2　我觉得人生中最重要的是金钱。俗话说得好："有钱能使鬼推磨"，还有句话叫"钱不是万能的，但没有钱是万万不能的"。这些都充分说明了金钱的重要性。但要记住"君子爱财，取之有道"。

저는 인생에서 가장 중요한 것은 돈이라고 생각합니다. 속담이 이치에 딱 맞습니다. "돈만 있으면 귀신도 부릴 수 있다.", 그리고 "돈이 전부는 아니지만, 돈이 없으면 아무것도 할 수 없다."고 하는 말이 있습니다. 이는 모두 돈의 중요성을 충분히 설명합니다. 그러나 "군자도 재물을 좋아하지만, 도리를 지켜 그것을 얻는다."는 말을 기억해야 할 것입니다.

俗话 súhuà 속담 | 使 shǐ ~하게 하다 | 鬼 guǐ 귀신 | 推磨 tuīmó 맷돌질하다 | 句 jù 마디 | 万能 wànnéng 만능이다 | 万万 wànwàn 결코, 절대로 | 充分 chōngfèn 충분하다 | 证明 zhèngmíng 증명하다 | 记住 jìzhù 기억하다 | 君子爱财, 取之有道 jūnzǐ ài cái, qǔ zhī yǒu dào 군자도 재물을 좋아하지만, 도리를 지켜 그것을 얻는다

답변완성 TIP

● **就算**: 설령 ~일지라도

예　**就算**这次失败，我也不会失望。
　　설령 이번에 실패할지라도 나는 실망하지 않을 것이다.

예　**就算**你在工作上犯了错误也没关系。
　　설령 당신이 업무 중 실수를 했더라도 상관 없다.

01 실전테스트　第四部分 | 意见表述　의견 말하기

问题 13

有的人认为新产品的包装必须要精致才能吸引消费者，有的人认为只要商品质量好就可以。你认为新产品的包装到底重不重要？

어떤 사람은 신제품의 포장이 세련되고 섬세해야만 소비자를 끌어들일 수 있다고 여기고, 어떤 사람은 제품의 품질만 좋으면 된다고 생각합니다. 당신은 신제품의 포장이 중요하다고 생각합니까, 중요하지 않다고 생각합니까?

해설 주장을 피력할 수 있는 의견을 2가지 정도 들어서 답변하도록 하자. 포장이 중요하다고 생각되면 소비자들의 이목을 이끌 수 있는 측면과 디자인의 중요성에서, 포장이 중요하지 않다면 품질이 우선이라는 측면에서 의견을 피력하도록 하자.

产品 chǎnpǐn 제품 | 包装 bāozhuāng 포장 | 必须 bìxū 반드시 | 精致 jīngzhì 정교하고 치밀하다, 섬세하다 | 吸引 xīyǐn 끌어당기다 | 消费者 xiāofèizhě 소비자 | 只要 zhǐyào ~하기만 하면 | 质量 zhìliàng 품질 | 到底 dàodǐ 도대체

回答 1　我认为只要对新产品的质量有把握，什么样的包装都无所谓。虽然我也同意独特的包装有助于吸引消费者，但商品营销的关键还是在产品的质量上。我认为在华而不实的产品包装上下功夫，不如想方设法提高产品质量。

저는 신제품의 품질에 자신만 있다면, 어떠한 포장이라도 상관없다고 생각합니다. 비록 저도 독특한 포장이 소비자의 이목을 끄는데 도움이 된다는 것에 동의하지만, 제품 판매의 관건은 여전히 제품의 품질에 있습니다. 저는 겉만 그럴듯하고 실속이 없는 제품 포장에 공을 들이는 것은 갖은 방법을 다하여 제품 품질을 향상시키는 것만 못하다고 생각합니다.

把握 bǎwò 자신감 | 无所谓 wúsuǒwèi 상관없다 | 独特 dútè 독특하다 | 有助于 yǒuzhùyú ~에 도움이 된다 | 营销 yíngxiāo 판매하다 | 关键 guānjiàn 관건 | 华而不实 huá'érbùshí 겉만 그럴듯하고 실속이 없다 | 下功夫 xiàgōngfu 공을 들이다 | 不如 bùrú ~만 못하다 | 想方设法 xiǎngfāngshèfǎ 온갖 방법을 다 생각하다, 갖은 방법을 다하다 | 提高 tígāo 향상시키다

回答 2　我认为新产品包装对销量起着至关重要的作用。当前在商品琳琅满目的情况下，如何让消费者一眼就能记住商品是制胜的法宝。所以我认为在产品包装上下功夫绝对是必要的。

저는 신제품의 포장이 판매량에 매우 중요한 역할을 한다고 생각합니다. 현재 눈길을 끄는 상품이 많은 상황에서 어떻게 소비자로 하여금 한 눈에 보자마자 상품을 기억할 수 있게 만드느냐 하는 것이 승리하는 최상의 방법입니다. 따라서 저는 상품의 포장에 공을 들이는 것이 절대적으로 필요하다고 생각합니다.

销量 xiāoliàng 판매량 | 起作用 qǐ zuòyòng 작용을 하다, 역할을 하다 | 琳琅满目 línlángmǎnmù 눈 앞에 아름다운 물건이 가득하다, 아름다운 물건이 아주 많다 | 如何 rúhé 어떻게 | 一眼 yìyǎn 한눈에서, 첫눈에 | 制胜 zhìshèng 승리를 가져오다 | 法宝 fǎbǎo 비법 | 绝对 juéduì 절대로, 반드시 | 必要 bìyào 필요하다

답변완성 TIP

● 对~有把握 : ~에 대해 자신 있다

예 我**对**这次比赛很**有把握**。
　　나는 이번 시합에 매우 자신 있다.

예 只要**对**自己**有把握**，所有的困难都不成问题。
　　스스로에 대한 자신만 있다면, 모든 어려움도 문제 되지 않는다.

01 실전테스트 | 第四部分 | 意见表述 의견 말하기

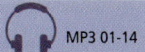

问题 14

你认为职场生活中，最重要的是什么？为什么？
당신은 직장생활에서 가장 중요한 것이 무엇이라고 생각합니까? 왜 그렇습니까?

해설 직장생활에서 중요한 것으로는 크게 업무 능력과 동료와의 관계 등을 언급할 수 있다. 혹은 별거 아니지만 본인이 생각하는 직장생활에서 가장 중요한 것, 예를 들어 말 조심, 인맥 관계 등을 언급해보도록 하자. 질문 마지막에 이유가 무엇인지 물었으므로 이유는 반드시 언급하도록 하자.

职场生活 zhíchǎngshēnghuó 직장 생활

回答 1 我觉得在职场生活中，最重要的就是应该管住自己的嘴。我想每个人都应该清楚"病从口入，祸从口出"的道理。特别是在公司里，不想招惹是非的话，就一定要学会该说的说，不该说的绝对不能说。

저는 직장생활에서 가장 중요한 것은 바로 자신의 입을 단속하는 것이라고 생각합니다. 저는 모든 사람들이 당연히 "병은 입으로 들어가고, 화는 입에서 나온다"는 이치를 잘 안다고 생각합니다. 특히 회사에서 시비를 일으키고 싶지 않다면, 반드시 해야 할 말은 하고, 하지 말아야 할 말은 절대로 해서는 안 된다는 것을 배워야 합니다.

管住 guǎnzhù 단속하다, 관리하다 | 嘴 zuǐ 입 | 清楚 qīngchu 분명하다 | 病 bìng 병 | 口 kǒu 입 | 入 rù 들어가다 | 祸 huò 화, 불행 | 道理 dàolǐ 도리, 이치 | 招惹 zhāorě 불러일으키다 | 是非 shìfēi 시비, 말다툼 | 绝对 juéduì 절대로

回答 2 我觉得在职场生活中，最重要的就是应该处事圆滑一些。公司是一个关系网错综复杂的地方，你不可能掌握所有的人际关系。所以我认为处事圆滑一些，别给别人添麻烦，也别给自己找麻烦是最重要的。

저는 직장생활에서 가장 중요한 것은 바로 일을 눈치껏 잘 처리하는 것이라고 생각합니다. 회사는 인맥이 매우 복잡하게 얽혀있는 공간이어서 모든 인맥관계를 다 잘할 수 없습니다. 그래서 저는 일을 눈치껏 잘 처리하고, 다른 사람에게 폐를 끼치지 않고 자신에게 일을 복잡하게 만들지 않는 것이 가장 중요하다고 생각합니다.

处事 chǔshì 일을 처리하다, 업무를 처리하다 | 圆滑 yuánhuá 교활하다, 원활하다 | 关系网 guānxiwǎng 연줄망, 인맥 | 错综复杂 cuòzōngfùzá 마구 뒤얽혀 복잡하다 | 掌握 zhǎngwò 장악하다, 마스터하다 | 所有 suǒyǒu 모든 | 人际关系 rénjìguānxi 인간관계

답변완성 TIP

● **应该**: 반드시 ~해야 한다

예 我们**应该**遵守交通规则。
우리는 반드시 교통규칙을 준수해야 합니다.

예 你**应该**早点儿出发，要不然会来不及的。
당신은 반드시 일찍 출발해야 합니다. 그렇지 않으면 시간에 못 맞출 것입니다.

01 실전테스트 第五部分 | 看图描述 그림을 보고 이야기 만들기

问题 15

根据图片，说明一下这款智能手机的外观、功能以及价钱。

그림에 근거하여 이 스마트폰의 외관, 기능 및 가격에 대해서 설명해 보세요.

해설 5부분은 반드시 그림 하나 당 최소 한 문장씩은 이야기 해야 한다. 첫 번째 그림은 스마트 폰의 전반적인 설명을, 두 번째 그림은 GPS와 메모리 카드를 반드시 언급해야 하며 세 번째 그림은 해상도, 메모리 카드 용량 등을 언급해야 하며 마지막 그림에는 구체적인 가격을 언급하거나 할인 판촉 행사를 언급하여 가격이 저렴하다는 것을 이야기하도록 하자.

根据 gēnjù ~에 근거하여 | 图片 túpiàn 사진 | 说明 shuōmíng 설명하다 | 智能手机 zhìnéng shǒujī 스마트 폰 | 外观 wàiguān 외관 | 功能 gōngnéng 기능 | 以及 yǐjí 및, 그리고 | 价钱 jiàqián 가격

回答1 这款手机是最新上市的智能手机，而且性价比非常高。之所以这么说是因为这款手机的性能非常好。128G内存，6.4英寸超大屏幕，而且内置GPS导航系统，超长待机等等。此外，这款手机的最大特点就是像素特别高，拍出来的照片颜色鲜明，而且支持无线充电。还有最重要的一点就是价格也特别实惠。

이 휴대폰은 가장 최근에 출시된 스마트폰입니다. 게다가 가성비가 매우 높습니다. 이렇게 말하는 이유는 이 휴대폰의 성능이 매우 좋기 때문입니다. 128G 메모리, 6.4인치 초대형 화면, 게다가 GPS 네비게이션 시스템이 탑재되어 있고, 대기 시간도 매우 길다는 것 등입니다. 이 밖에 이 휴대폰의 가장 큰 특징은 바로 해상도가 매우 높다는 것으로, 찍어낸 사진의 색상이 선명합니다. 게다가 무선 충전도 지원합니다. 그리고 가장 중요한 점은 바로 가격도 매우 합리적이라는 것입니다.

上市 shàngshì 출시하다 | 性价比 xìngjiàbǐ 가격대성능비 (가성비) | 之所以~ 是因为 zhīsuǒyǐ ~ shì yīnwèi ~한 까닭은 ~이기 때문이다 | 性能 xìngnéng 성능 | 内存 nèicún 메모리 용량 | 寸 cùn 인치 | 屏幕 píngmù 화면, 모니터 | 内置 nèizhì 내장되어 있다 | 导航 dǎoháng 네비게이션 | 系统 xìtǒng 시스템 | 待机 dàijī 대기하다 | 此外 cǐwài 이 밖에, 이외에 | 特点 tèdiǎn 특징 | 像素 xiàngsù 화소 | 拍 pāi 찍다 | 照片 zhàopiàn 사진 | 颜色 yánsè 색상 | 鲜明 xiānmíng 선명하다 | 支持 zhīchí 지지하다 | 无线 wúxiàn 무선 | 打印 dǎyìn 출력하다 | 实惠 shíhuì 실속 있다, 실용적이다

回答2 这款手机是我们公司今年刚上市的第一款智能手机。性能好，功能也很齐全。这款手机自带64G内存，而且支持扩展卡，6.4英寸屏幕，48小时超长待机。最值得一提的是，这款手机内置800万像素的摄像头，效果绝不比单反相机差。正巧现在搞优惠促销活动，价格也非常划算。

이 휴대폰은 저희 회사에서 올해 막 출시한 첫 번째 스마트폰입니다. 성능이 좋고, 기능도 완벽하게 갖췄습니다. 이 휴대폰은 64G 메모리이며, 확장카드를 지원하고, 화면은 6.4인치, 대기 시간은 48시간입니다. 가장 중요한 것은 이 휴대폰은 800만 화소의 카메라가 탑재되어 있어, 효과가 DSLR 카메라에 전혀 뒤지지 않는다는 것입니다. 마침 현재 할인 판촉 행사를 하고 있어서, 가격도 매우 합리적입니다.

齐全 qíquán 완전히 갖추다, 완비하다 | 扩展卡 kuòzhǎnkǎ 확장카드 | 待机 dàijī 대기하다 | 值得 zhíde ~할만한 가치가 있다 | 摄像头 shèxiàngtóu 렌즈 | 效果 xiàoguǒ 효과 | 绝 jué 절대로 | 不比 bùbǐ ~보다 못하다 | 单反相机 dānfǎn xiàngjī DSLR 카메라 | 差 chà 부족하다 | 正巧 zhèngqiǎo 공교롭다 | 搞 gǎo 하다 | 优惠 yōuhuì 특혜, 우대 | 促销 cùxiāo 판촉 하다 | 活动 huódòng 행사 | 划算 huásuàn 수지타산이 맞다

답변완성 TIP

● **之所以~是因为~ : ~한 이유는 ~때문이다**

예 她**之所以**有今天的成就，**是因为**她努力奋斗过。
그녀에게 오늘의 성과가 있는 이유는 열심히 분투했기 때문이다.

예 我们**之所以**不去外面游泳，**是因为**今天下了大雨。
우리가 밖에 가서 수영을 하지 않았던 이유는 오늘 비가 많이 왔기 때문이다.

02 실전테스트　第一部分 | 快速作答　그림을 보고 간단하게 답하기

 MP3 02-1

问题 1

他正在做什么?
그는 무엇을 하고 있습니까?

해설　그림 속 남자의 행동에 주목하자. '일을 하고 있다'처럼 간단한 답변보다는 구체적인 동작을 설명 하는 것이 고득점을 받는데 도움이 된다.

回答 1　**他正在写报告呢。**
그는 보고서를 쓰고 있습니다.

正在 zhèngzài ~하고 있는 중이다 | 写 xiě 쓰다 | 报告 bàogào 보고서

回答 2　**他正在忙着写报告和计划书。**
그는 바쁘게 보고서와 계획서를 쓰고 있습니다.

忙 máng 바쁘다 | 计划书 jìhuàshū 계획서, 제안서

답변완성 TIP

● 忙着 + 동작~: 바쁘게 ~하다

예 **他忙着准备面试。**
그는 바쁘게 면접을 준비하고 있다.

예 **我最近忙着准备考试。**
저는 요즘 바쁘게 시험을 준비하고 있습니다.

| 02 실전테스트 | 第一部分 | 快速作答 그림을 보고 간단하게 답하기 |  MP3 02-2 |

问题 2

这是一则什么广告?
이것은 무슨 광고입니까?

해설 어떤 광고인지 묻고 있으므로 그림이 나타내고 있는 대상을 구체적으로 이야기 해야 한다.

则 zé 편, 토막(광고를 세는 양사) | 广告 guǎnggào 광고

回答1　这是一个租房广告。
　　　　이것은 임대 광고입니다.

租房 zūfáng 임대하다

回答2　这是一则房地产公司的广告。
　　　　이것은 부동산 회사의 광고입니다

房地产公司 fángdìchǎngōngsī 부동산 중개회사

问题 3

他正在复印什么?
그는 무엇을 복사하고 있습니까?

해설 복사의 대상에 대해서 언급하도록 하자. 계약서, 보고서, 회의 자료 등등 다양하게 묘사 할 수 있다. 1부분은 응시자의 단어량 파악을 위한 문제도 출제되니 평소에 단어를 신경 써서 외우도록 하자.

复印 fùyìn 복사하다

回答 1   他正在复印合同，一会儿开会时要用。
그는 현재 계약서를 복사하고 있습니다. 조금 있다 회의 때 쓸 것입니다.

合同 hétong 계약서 | 一会儿 yíhuìr 잠시 후에 | 开会 kāi huì 회의를 열다

回答 2   他正在复印合同，下午要跟中国代表签合同。
그는 현재 계약서를 복사하고 있습니다. 오후에 중국 대표단과 계약에 서명해야 합니다.

签 qiān 서명하다

02 실전테스트 | 第一部分 | 快速作答 그림을 보고 간단하게 답하기

 MP3 02-4

问题 4

你一般一个星期打几次网球?
당신은 일반적으로 일주일에 테니스를 몇 번 칩니까?

해설 자신의 상황에 맞춰 답변 하도록 하자. 질문이 핵심 포인트는 '몇 번'에 있으므로 횟수를 반드시 언급해야 한다.

一般 yìbān 보통, 일반적으로 | 打 dǎ 치다 | 几 jǐ 몇 | 次 cì 번 | 网球 wǎngqiú 테니스

回答 1   我一般一个星期打两三次网球。
저는 일반적으로 일주일에 두 세 번 테니스를 칩니다.

上 回答 2   我每天下班以后打一个小时的网球。
저는 매일 퇴근 후에 한 시간씩 테니스를 칩니다.

下班 xiàbān 퇴근하다 | 以后 yǐhòu 이후에 | 小时 xiǎoshí 시간

답변완성 TIP

● **동량사: 동작의 횟수를 세는 단위**

• 기본 형식: 동사 + (了/着/过) + 수사 + **동량사**

  예 我刚去了一**趟**银行。
  나는 방금 은행을 한 번 갔다 왔다.

동사 + 수사 + 동량사

次[cì]	동작의 횟수	去过一次 한번 가본적이 있다 说过一次 한 번 말한 적이 있다
趟[tàng]	(왕복) 번	去了一趟 한 번 다녀왔다
下[xià]	비교적 짧고 가벼운 동작	你来一下 너 좀 와봐
遍[biàn]	(처음부터 끝까지) 번	看了一遍 한 번 봤다 读了一遍 한 번 읽었다

02 실전테스트 | 第二部分 | 简短作答 질문에 간단하게 답하기

问题 5

你认为促进企业发展的因素有哪些?
당신은 기업의 발전을 촉진하는 요소로 무엇이 있다고 생각합니까?

해설
기업의 발전을 촉진하는 요소로는 관리방법, 예측 능력, 직원들의 자질, 회사 구성원들의 협동 능력 등등 다양한 요소들이 있다. 자신이 생각하는 기업의 발전 촉진 요소를 먼저 이야기 한 뒤 구체적인 이유를 들어 답변을 마무리 하도록 하자.

认为 rènwéi ~라고 생각하다 | 促进 cùjìn 촉진하다 | 企业 qǐyè 기업 | 发展 fāzhǎn 발전, 발전하다 | 因素 yīnsù 요소

回答 1
我认为企业想要发展需要科学的管理方法。只有把理论与实践完美地结合在一起才能形成一套行之有效的管理方法。有了行之有效的管理方法才能使企业取得更大的发展。

저는 기업이 발전하기 위해 과학적인 관리 방법이 필요하다고 생각합니다. 이론과 실천이 완벽하게 결합되어야만 비로소 효과적인 관리 방법이 만들어질 수 있습니다. 효과적인 관리 방법이 있어야만 기업이 더 큰 발전을 할 수 있습니다.

需要 xūyào 필요하다 | 科学 kēxué 과학, 과학적이다 | 管理 guǎnlǐ 관리, 관리하다 | 方法 fāngfǎ 방법 | 理论 lǐlùn 이론 | 实践 shíjiàn 실천 | 完美 wánměi 완벽하다 | 结合 jiéhé 결합하다 | 形成 xíngchéng 형성하다 | 套 tào 세트 | 行之有效 xíngzhī yǒuxiào (방법이나 조치 등을) 실행하여 효과가 있다 | 使 shǐ ~하게 하다 | 取得 qǔdé 얻다, 취득하다

[上] 回答 2
我认为以下两个方面对企业的发展尤为重要。一是管理层预测能力,这有助于辨别是商机,还是危机,从而根据环境变化做出及时有效的决策。另一个是员工的素质。拥有高素质的员工,并让他们充分发挥能力,企业的发展才会更加顺利。

저는 이하 두 가지 방면이 기업의 발전에 특히 중요하다고 생각합니다. 하나는 관리층의 예측 능력으로 이것은 사업 기회인지 위기인지를 판단하는데 도움을 주어 환경의 변화에 따라 즉시 효과적인 정책을 만들 수 있게 합니다. 다른 하나는 직원의 자질입니다. 자질이 뛰어난 직원을 보유하고, 그들로 하여금 충분히 능력을 발휘하게 하면 기업은 더욱 순조롭게 발전할 수 있습니다.

对 duì ~에 대하여 | 尤为 yóuwéi 특별히, 특히 | 预测 yùcè 예측하다 | 能力 nénglì 능력 | 有助于 yǒuzhùyú ~에 도움이 되다 | 辨别 biànbié 분별하다, 구별하다 | 商机 shāngjī 사업의 기회 | 危机 wēijī 위기 | 从而 cóng'ér 그리하여 | 根据 gēnjù ~에 근거하여 | 环境 huánjìng 환경 | 变化 biànhuà 변화 | 作出 zuòchū 만들어 내다 | 及时 jíshí 즉시, 곧바로 | 有效 yǒuxiào 효과가 있다 | 决策 juécè 정책 | 另 lìng 다른, 그 밖의 | 素质 sùzhì 자질, 소양 | 拥有 yōngyǒu 소유하다, 가지다 | 充分 chōngfèn 충분하다 | 发挥 fāhuī 발휘하다

답변완성 TIP

● 겸어문

① 기본 형식:

예) 她　让　我　转告　你。 그녀가 나보고 너에게 전해 주래.
주어1　동사1　목적어/주어2　동사2　목적어 2 → : 형용사가 올 수도 있다
　　　　　　　: 동사 1의 목적어가 되면서 뒤의 문장에 주어가 됨

② 겸어문은 대부분 사역(시키다), 요청, 명령의 의미를 나타냄. 동사 1 자리에 쓰이는 동사들

让 [ràng] ~하게 하다　叫 [jiào] ~하도록 하다　请 [qǐng] 부탁하다　使 [shǐ] ~하게 만들다

③ 일반적으로 부사, 능원동사는 첫 번째 동사 앞에 위치
她**不让**我告诉你。 그녀가 나에게 너한테 말하지 말라고 했어.
我**想让**他做这个事。 나는 그에게 이 일을 시키고 싶다.

02 실전테스트 | 第二部分 | 简短作答 질문에 간단하게 답하기

 MP3 02-6

问题 6

出差订酒店时要注意哪些事项?
출장으로 호텔을 예약할 때 어떠한 사항에 주의해야 합니까?

해설 호텔 예약 시 주의사항으로는 위치, 거리, 숙박환경, 식당 등 다양하며 출장을 자주 다닌다면 자신의 경험에 비추어 답변해도 좋다. 자신이 생각하는 주의해야 할 사항에 대한 근거를 반드시 들어 답변을 마무리 하도록 하자.

酒店 jiǔdiàn 호텔

回答 1
我认为酒店与办公地点的距离不应该太远。如果办工地点离酒店太远,就有可能发生无法按时赴约的情况。这不仅会影响到公司形象,甚至可能会让公司利益受损。所以我认为要注意的是酒店的位置。

저는 호텔과 근무지의 거리가 너무 멀면 안 된다고 생각합니다. 만약 근무지가 호텔에서 너무 멀면, 제 시간에 도착할 수 없는 상황이 발생할 수 있습니다. 이는 회사의 이미지에 영향을 줄 수 있을 뿐만 아니라, 심지어 회사의 이익에도 손해를 끼칠 수 있습니다. 그래서 저는 호텔의 위치에 주의해야 한다고 생각합니다.

办公 bàngōng 업무를 처리하다 | 地点 dìdiǎn 장소 | 距离 jùlí 거리 | 离 lí ~로부터 | 无法 wúfǎ 방법이 없다 | 按时 ànshí 제때에 | 赴约 fùyuē 약속한 장소에 나가다 | 情况 qíngkuàng 상황 | 不仅 bùjǐn ~일 뿐만 아니라 | 影响 yǐngxiǎng 영향을 미치다 | 形象 xíngxiàng 이미지 | 甚至 shènzhì 심지어, ~조차도 | 利益 lìyì 이익 | 受损 shòusǔn 손실을 입다, 손해를 보다 | 注意 zhùyì 주의하다 | 位置 wèizhi 위치

 回答 2
我认为酒店的住宿环境需要注意。如果酒店住宿环境恶劣,让你无法得到充分的休息,那么将可能会出现工作不集中,影响工作效率的情况。然而拥有一个舒适、安静的住宿环境将有助于提高工作效率。

저는 호텔의 숙박 환경에 주의해야 한다고 생각합니다. 만약 호텔의 숙박 환경이 열악하면 당신으로 하여금 충분한 휴식을 취할 수 없게 합니다. 그렇게 되면 업무에 집중할 수 없어 업무 효율에 영향을 주는 상황이 생길 수 있습니다. 그러나 편안하고 조용한 숙박 환경은 업무 효율을 높이는데 도움이 될 것입니다.

住宿 zhùsù 묵다, 숙박하다 | 环境 huánjìng 환경 | 恶劣 èliè 열악하다 | 得到 dédào 얻다 | 充分 chōngfèn 충분하다 | 集中 jízhōng 집중하다 | 效率 xiàolǜ 효율 | 舒适 shūshì 쾌적하다, 편안하다 | 安静 ānjìng 조용하다 | 将 jiāng ~일 것이다 | 有助于 yǒuzhùyú ~에 도움이 되다 | 提高 tígāo 향상시키다 | 效率 xiàolǜ 효율

 실전테스트   第二部分 | 简短作答 질문에 간단하게 답하기    MP3 02-7

问题 7

你对退休后的生活有什么打算？
당신은 은퇴 후의 생활에 대해 어떤 계획이 있습니까?

해설 은퇴 후의 계획에 대해서 구체적으로 언급하도록 하자. 설령 현재 계획이 없다 하더라도 어떻게 보내겠다라는 최소한의 계획에 대해서라도 이야기 해야 한다.

退休 tuìxiū 퇴직하다

回答1 我工作了半辈子，所以退休后我打算种种花、写写书法、养成健康的生活习惯。把前半生想做却没时间做的事情一个一个地慢慢实现。

저는 반평생 일을 했으므로 은퇴 후에는 꽃도 키우고, 서예도 하며, 건강한 생활 습관을 기를 계획입니다. 인생의 전반부 동안 하고 싶었지만 할 시간이 없었던 일들을 하나하나 천천히 실현하려고 합니다.

辈子 bèizi 한평생, 일생 | 所以 suǒyǐ 그래서 | 种 zhòng 심다 | 花 huā 꽃 | 写 xiě 쓰다 | 书法 shūfǎ 서예 | 养成 yǎngchéng 기르다 | 健康 jiànkāng 건강하다 | 把 bǎ ~을, 를 | 前半生 qiánbànshēng 일생의 전반부 | 却 què 오히려 | 实现 shíxiàn 실현하다

 回答2 现在已经是百岁时代了，所以为了幸福的晚年生活，我打算从现在开始每个月定期存款。等老了就带着妻子去世界各地旅旅游，或者在乡下买块地安享晚年也不错。

지금은 이미 백세시대가 되었습니다. 행복한 노년생활을 위하여 저는 지금부터 매달 정기적으로 저금을 하려고 합니다. 나이가 들면 아내를 데리고 세계 각지를 여행하거나 시골에 땅을 사서 노년을 편히 누리는 것도 좋을 것 같습니다.

时代 shídài 시대 | 为了 wèile ~을 위하여 | 幸福 xìngfú 행복하다 | 晚年 wǎnnián 노년 | 定期 dìngqī 정기적인 | 存款 cúnkuǎn 저금하다 | 世界 shìjiè 세계 | 各地 gèdì 각지 | 旅游 lǚyóu 여행하다 | 或者 huòzhě 혹은 | 乡下 xiāngxià 시골, 지방 | 块 kuài 조각 | 安享 ānxiǎng 편히 누리다

02 실전테스트 | 第二部分 | 简短作答 질문에 간단하게 답하기

问题 8

你周末一般怎么过?
당신은 일반적으로 어떻게 주말을 보내나요?

해설 주말을 보내는 방식에 대해서 이야기 해보자. 문화생활, 운동 등을 답변 할 수도 있고, 평소 업무 때문에 주말에 휴식만 취할 수도 있다. 생활 방식에 관한 질문이 2부분에서 종종 출제되는데 비교적 쉬운 문제이므로 문법적 실수 없이 답변할 수 있도록 하자.

回答1 我一到周末就会出去散心。因为平时工作上的压力很大,没有时间缓解。所以我利用周末时间看看电影,见见朋友,尽量努力缓解工作上的压力。

저는 주말만 되면 밖으로 나가 기분 전환을 합니다. 왜냐하면 평소에 업무 상의 스트레스가 너무 큰데 풀 수 있는 시간이 없기 때문입니다. 그래서 저는 주말을 이용하여 영화도 보고, 친구도 만나고 최대한 업무상의 스트레스를 해소하려고 노력합니다.

散心 sànxīn 기분전환 하다 | 平时 píngshí 평소, 평상시 | 压力 yālì 스트레스 | 缓解 huǎnjiě 호전되다, 완화하다 | 利用 lìyòng 이용하다 | 尽量 jǐnliàng 가능한 한, 최대한

上 回答2 我周末一般就泡在家里睡大觉。我平时经常加班、出差、开会议、聚餐,完全没有时间休息。所以我一到周末,除了吃饭的时间,大部分时间都花在睡觉上。

저는 주말에 일반적으로 집에 박혀서 잠만 잡니다. 저는 평소에 자주 야근, 출장, 회의, 회식으로 쉴 수 있는 시간이 전혀 없습니다. 그래서 저는 주말만 되면 밥 먹는 시간을 제외하고 대부분의 시간을 모두 잠 자는데 사용합니다.

泡 pào ~에 머물다, 박히다 | 加班 jiābān 야근하다 | 出差 chūchāi 출장 가다 | 聚餐 jùcān 회식하다 | 除了 chúle ~을 제외하고

02 실전테스트　**第三部分**｜**情景模拟**　주어진 상황에 맞게 말하기　

问题 9

你是一名电脑技术研讨会的负责人。请你向参会人员说明召开此次会议的目的及日程。

당신은 컴퓨터 기술 심포지엄의 책임자입니다. 회의에 참여하는 사람들에게 이번 회의를 연 목적과 일정을 설명해 주세요.

해설　문제에 목적과 일정을 설명 하라고 하였으므로 두 개 다 모두 언급해야 한다. 목적은 컴퓨터 기술과 관련된 최신동향 이해나 현재의 기술 상황 등을 언급하면 되고 일정은 구체적인 날짜를 언급하여 실제로 심포지엄에 관해서 안내 할 수 있는 내용을 모두 이야기 하도록 하자.

技术 jìshù 기술｜**研讨会** yántǎohuì 심포지엄, 세미나｜**负责人** fùzérén 책임자｜**参会** cānhuì 회의에 참가하다｜**说明** shuōmíng 설명하다｜**召开** zhàokāi 개최하다, 열다｜**目的** mùdì 목적｜**及** jí 및｜**日程** rìchéng 일정

回答 1　大家好！此次召开的电脑技术研讨会是由我们公司和可来软件公司共同举办的。目的是想借此机会邀请各电脑营销公司的有关人员及电脑软件的开发人员，畅谈一下目前市场消费者对电脑新功能的需求情况。此次研讨会为期一天，分为上午、下午两场专题报告。请参会人员三月五号上午九点到公司一层的会议中心签到入场，敬候各位光临。

여러분 안녕하세요! 이번에 개최하는 컴퓨터 기술 심포지엄은 저희 회사와 커라이 소프트웨어 회사가 공통으로 개최하는 것입니다. 목적은 이번 기회를 통해 컴퓨터 마케팅 회사의 관계자와 컴퓨터 소프트웨어 개발자를 초청하여, 현재 시장 소비자들의 컴퓨터 신기능에 대한 요구 상황을 마음껏 이야기하기 위함입니다. 이번 심포지엄은 하루 동안 오전, 오후 두 번으로 나누어 특정 주제에 대한 연설이 있을 것입니다. 참가하시는 분께서는 3월 5일 오전 9시까지 회사 1층에 있는 비즈니스 센터로 오셔서 서명 후 입장하시길 바랍니다. 여러분의 참여를 기다리겠습니다.

由 yóu ~가｜**软件** ruǎnjiàn 소프트웨어｜**共同** gòngtóng 공동의｜**举办** jǔbàn 거행하다｜**邀请** yāoqǐng 초대하다｜**营销** yíngxiāo 판매하다｜**畅谈** chàngtán 터놓고 이야기하다｜**目前** mùqián 현재｜**消费者** xiāofèizhě 소비자｜**功能** gōngnéng 기능｜**需求** xūqiú 수요, 필요｜**情况** qíngkuàng 상황｜**专题** zhuāntí 전문적 테마｜**报告** bàogào 보고하다｜**敬候** jìnghòu 삼가 기다리다｜**光临** guānglín 왕림하다, 오다

回答 2　大家好！本次电脑技术研讨会邀请各位电脑技术研发人员及维修人员的目的在于了解电脑技术平台的最新动态。同时在本届研讨会上，还将邀请计算机技术专家及工程师与各位进行互动交流。本次会议为期两天，三月五号上午，下午共有两场专题报告。六号上午分组讨论、下午参观。因此请各位在三月五号九点到我公司会议中心签到入场，领取参会证后进场。

안녕하세요. 이번 컴퓨터 기술 세미나에 각 컴퓨터 기술 연구원과 유지보수요원을 초청한 목적은 컴퓨터 기술의 최신 동향을 이해하기 위해서 입니다. 동시에 본 세미나에서는 전산기술전문가와 엔지니어를 모시고 교류 활동을 할 예정입니다. 본 세미나는 이틀간 진행되고 3월 5일 오전과 오후 두 번의 특정 주제에 대한 연설이 있을 것입니다. 6일 오전에는 조를 나누어 토론회를 진행하고, 오후에는 견학이 있습니다. 모두들 3월 5일 9시에 회의센터로 와서 서명 후 입장하시길 바라며, 세미나 입장표를 받아서 입장해 주시기 바랍니다.

维修 wéixiū 수리하다｜**在于** zàiyú ~에 있다｜**了解** liǎojiě 이해하다｜**平台** píngtái 플랫폼, 무대｜**动态** dòngtài 동태, 추이｜**届** jiè [양사] 회｜**将** jiāng ~하게 될 것이다｜**计算机** jìsuànjī 컴퓨터｜**专家** zhuānjiā 전문가｜**工程师** gōngchéngshī 엔지니어｜**互动** hùdòng 상호 작용을 하다｜**组** zǔ 조, 팀｜**因此** yīncǐ 그래서｜**领取** lǐngqǔ 수령하다

답변완성 **TIP**

● **由** + 주체 + 술어 : ~가 ~하다 (주체자 강조)

　예　这次活动**由**我们部门来组织。
　　　이번 행사는 우리 부서가 조직한다.

　예　这个项目**由**谁来负责？
　　　이 프로젝트는 누가 담당합니까？

02 실전테스트 | 第三部分 | 情景模拟 주어진 상황에 맞게 말하기

问题 10

你们公司实行弹性工作时间制度，员工们可以选择八点或九点上班。你作为规划部门负责人，请简单向主管报告一下新制度对各方面的影响。

당신의 회사는 탄력 근무제를 실행하여, 직원들이 8시 혹은 9시 중 선택하여 출근할 수 있습니다. 기획부서의 담당자로서 상사에게 새로운 제도가 각 방면에 미치는 영향에 대해 간단히 보고하세요.

해설 탄력 근무제의 장단점에 대해서 설명을 해보도록 하자. 각 방면에 미치는 영향이라고 하였으므로 부서별로 나누어서 분석을 해도 좋고, % 비율로 나누어서 탄력근무제가 어떠한 영향을 미치는지 설명해도 좋다.

实行 shíxíng 실행하다 | 弹性工作时间制度选择 tánxìng gōngzuò shíjiān zhìdù 탄력근무제 | 作为 zuòwéi ~으로서 | 规划 guīhuà 기획하다, 계획하다 | 部门 bùmén 부서 | 主管 zhǔguǎn 팀장

回答 1
为了了解弹性工作时间制度对工作的影响，我们对一些部门的员工进行了问卷调查。调查结果显示，半数以上的员工认为弹性工作制可以减少缺勤、迟到和员工流失的现象，而且能提高员工的工作效率。但也有些人认为这会给内部联络和召开会议造成困难，特别是某些工作上必不可少的专业人士不在现场时，问题将难以解决。

탄력 근무제가 업무에 미치는 영향을 알아보기 위하여 저희가 몇몇 부서의 직원들에게 설문 조사를 실시하였습니다. 조사 결과는 반절 이상의 직원들이 탄력 근무제로 결근, 지각과 직원 이탈 현상을 줄일 수 있고, 직원들의 업무 효율을 향상시킬 수 있다고 생각하는 것으로 나타났습니다. 하지만 일부 사람들은 이것이 내부 연락과 회의 개최에 어려움을 야기할 것이고, 특히 어떤 업무에 있어 꼭 필요한 전문인력이 현장에 없을 때, 문제를 해결하기 어려울 것이라고 생각하였습니다.

为了 wèile ~을 위하여 | 了解 liǎojiě 이해하다 | 问卷调查 wènjuàndiàochá 설문조사 | 显示 xiǎnshì 분명히 보여주다 | 半数 bànshù 절반 | 减少 jiǎnshǎo 감소하다 | 缺勤 quēqín 결근하다 | 流失 liúshī 유실되다 | 现象 xiànxiàng 현상 | 提高 tígāo 향상시키다 | 效率 xiàolǜ 효율 | 联络 liánluò 연락하다 | 召开 zhàokāi 개최하다 | 造成 zàochéng 야기하다 | 困难 kùnnán 어려움 | 某 mǒu 모, 아무 | 必不可少 bìbùkěshǎo 없어서는 안된다 | 难以 nányǐ ~하기 어렵다 | 解决 jiějué 해결하다

回答 2
我们对弹性工作时间制度进行了几项调查，结果如下：大部分员工认为在选择工作时间上有了一定的自由，他们对可以根据自己的情况调节上下班时间感到非常满意。但这给统一管理带来了一定的难度，并会导致工作交接不及时等问题。所以超过百分之三十的人认为这一制度弊大于利。

저희가 탄력근무시간제도에 대한 몇 가지 항목을 조사한 결과는 다음과 같습니다. 대부분의 직원들이 업무시간을 선택함에 있어 어느 정도 자유가 있다고 생각합니다. 그들은 본인의 상황에 따라 출퇴근시간을 조절할 수 있다는 것에 대단히 만족을 하고 있습니다. 그러나 통일적으로 관리함에 있어서 어려움이 따를 수 있고, 또한 업무교대가 제때 되지 않는다는 문제점을 초래할 수 있습니다. 그러므로 30%가 넘는 직원들이 이 제도가 득보다 실이 더 많다고 생각합니다.

项 xiàng 항목 | 如下 rúxià 아래와 같다 | 自由 zìyóu 자유롭다 | 根据 gēnjù ~에 근거하면 | 调节 tiáojié 조절하다 | 感到 gǎndào 느끼다 | 满意 mǎnyì 만족하다 | 统一 tǒngyī 일치된, 하나된 | 导致 dǎozhì 야기하다 | 交接 jiāojiē 인수인계 하다 | 超过 chāoguò 초과하다 | 弊大于利 bìdàyúlì 단점이 장점보다 크다

답변완성 TIP

● **为了**: ~을 위해서

예) **为了**提高员工的素质，我们公司建立了完善的员工培训体系。
직원의 자질을 향상시키기 위해서 우리 회사는 완벽한 직원 교육 시스템을 마련했다.

예) **为了**帮我完成工作，他连续加了三天班。
나를 도와 업무를 완성하기 위해서 그는 3일 연속 야근하였다.

02 실전테스트　第三部分 | 情景模拟　주어진 상황에 맞게 말하기　MP3 02-11

问题 11

你是公司的一名经理。今年你们的办公室合约到期了，需要重新租一套写字楼。请你给房地产中介打电话说明一下你想租什么样的写字楼。

당신은 회사의 사장입니다. 올해 사무실 계약이 만료되어 사무실을 새로 임대해야 합니다. 부동산 중개소에 전화를 걸어 당신이 어떠한 사무실을 임대하기 원하는지 설명하세요.

해설 새로운 사무실 계약 시 면적, 위치, 상업시설, 통풍 채광 등등 체크해야 할 사항 들이 많다. 기본적으로 단어를 모르면 답변을 할 수 없는 문제이므로 사무실 임대와 관련된 단어들을 이번 기회에 꼭 외워두도록 하자.

合约 héyuē 계약 | 到期 dàoqī 만기가 되다 | 重新 chóngxīn 다시, 새로 | 租 zū 임대하다 | 写字楼 xiězìlóu 오피스빌딩 | 房地产公司 fángdìchǎngōngsī 부동산회사

回答1 你好，我想租一套位于东方路上的写字楼。离地铁站近一点儿，步行十分钟以内的范围都可以。面积在500平方米左右，可以供80人同时办公，最好有3个以上的会议室。周围得有银行、邮局等商业设施。但租金最好一个月不超过两万元。如果有合适的，请马上跟我联系。谢谢！

안녕하세요, 저는 동방로에 위치한 사무실을 임대하고 싶습니다. 지하철역에서 가깝고, 도보로 10분 이내의 범위이면 됩니다. 면적은 500제곱미터 정도로 80명이 동시에 근무할 수 있으며, 3개 이상의 회의실이 있었으면 좋겠습니다. 주변에 은행, 우체국 등 상업 시설이 있어야 합니다. 하지만 임대료는 한 달에 20,000위안을 넘지 않았으면 합니다. 만약 적당한 것이 있으면 바로 저에게 연락 부탁 드립니다. 감사합니다.

位于 wèiyú ~에 위치하다 | 离 lí ~로부터 | 步行 bùxíng 보행하다 | 距离 jùlí 거리 | 周围 zhōuwéi 주변 | 商业设施 shāngyèshèshī 상업 시설 | 租金 zūjīn 임대료 | 合适 héshì 적당하다 | 联系 liánxì 연락하다

回答2 你好，我想租套面积大概二百多平米的写字楼。要求三室一厅一卫，通风采光好，要中间楼层。最好是在地铁八号线靠近三晋公路的地方。最重要的就是，写字楼周围的商业配套设施一定要齐全。至于租金，我想看过房子之后面谈，希望您能尽快与我联系。

안녕하세요. 저는 대략 200여평이 넘는 오피스텔을 임대하려고 합니다. 방 3개에 거실 하나 화장실 하나면 좋겠습니다. 통풍과 채광이 좋고 중간층이면 좋겠네요. 지하철 8호선 근처에 삼진 도로 쪽이면 좋을 것 같습니다. 가장 중요한 건 오피스텔 주변에 비즈니스시설이 반드시 갖추어져 있어야 합니다. 임대료에 관해서는 오피스텔을 보고 이야기하는 걸로 하고 빨리 연락 주시면 좋겠습니다.

面积 miànjī 면적 | 大概 dàgài 대략 | 平方米 píngfāngmī 제곱미터 | 要求 yāoqiú 요구하다 | 通风 tōngfēng 통풍 | 采光 cǎiguāng 채광 | 号线 hàoxiàn (지하철의) 노선 | 靠近 kàojìn 가깝다 | 公路 gōnglù 도로 | 齐全 qíquán 완비하다 | 至于 zhìyú ~에 관해서는 | 面谈 miàntán 직접 만나서 이야기하다 | 尽快 jǐnkuài 최대한 빨리

답변완성 TIP

- **离 + 기준점: ~에서부터**
  - 예) 明洞**离**这儿远吗?
    명동은 여기에서 멉니까?
  - 예) **离**下课还有半个小时。
    수업이 끝날 때까지 아직 30분 남았다.

- **从 + 출발점: ~에서부터**
  - 예) **从**我家到公司只需要五分钟。
    우리 집에서 회사까지 단지 5분밖에 안 걸립니다.
  - 예) **从**首尔到釜山要多长时间?
    서울에서 부산까지 얼마나 걸립니까?

02 실전테스트 | 第四部分 | 意见表述 의견 말하기

问题 12

生活中，我们不难发现有些人带着宠物到公共场合。对此你有什么看法？

생활 속에서 우리는 애완동물을 데리고 공공장소에 가는 사람들을 쉽게 볼 수 있습니다. 당신은 이에 대해 어떤 견해가 있습니까?

해설 애완 동물을 데리고 공공장소에 가는 것에 대한 문제는 찬반의견이 존재한다. 찬성한다면 애완동물도 공공장소에 갈 권리가 있다는 측면에서, 반대한다면 배설물이나 잃어버릴 위험측면에서 답변 할 수 있다. 찬반의견이 분명한 문제는 핵심의견을 먼저, 그 뒤에 근거를 제하는 두괄식으로 답변하는 것이 좋다.

宠物 chǒngwù 애완 동물, 반려 동물 | 公共场合 gōnggòngchǎnghé 공공장소

回答1 我觉得没什么不可以的。宠物也是生命，我们没有权利不让宠物到公共场所来。但值得注意的是，宠物的主人一定要看好自己的宠物，最好是把宠物放在笼子里或拴好绳子抱在怀里。

저는 안 될 것이 없다고 생각합니다. 애완동물도 생명인데, 우리는 애완동물이 공공장소에 오지 못하게 할 권리가 없습니다. 하지만 주의해야 할 점은 애완동물의 주인은 반드시 자신의 애완동물을 잘 봐야 합니다. 가장 좋은 것은 애완동물을 이동장에 넣거나 아니면 목줄을 매서 품 안에 안는 것입니다.

生命 shēngmìng 목숨 | 权利 quánlì 권리 | 让 ràng ~하라고 시키다, 만들다 | 公共场所 gōnggòngchǎngsuǒ 공공장소 | 值得 zhíde ~할 만한 가치가 있다 | 笼子 lóngzi 상자, 이동장 | 拴 shuān (끈으로)묶다, 붙들어매다 | 绳子 shéngzi 끈, 줄 | 抱 bào 안다 | 怀里 huáilǐ 품속, 가슴속

上 回答2 我认为携带宠物到公共场合是一种极为不妥的行为。因为有些人对宠物身上的毛过敏，还有宠物身上的细菌会对那些免疫力低的人造成极大的危害。因此我不建议把宠物带到公共场所。

저는 애완동물을 데리고 공공장소에 오는 것은 매우 옳지 않은 행동이라고 생각합니다. 왜냐하면 애완동물의 털 알러지가 있는 사람도 있고, 애완동물의 세균이 면역력이 약한 사람에게 큰 위험을 가져다 줄 수 있기 때문입니다. 그래서 저는 애완동물을 공공장소에 데려 오는 것을 권하지 않습니다.

携带 xiédài 휴대하다, 지니다 | 极为 jíwéi 매우 | 不妥 bùtuǒ 타당하지 않다, 부적당하다 | 行为 xíngwéi 행위 | 毛 máo 털 | 过敏 guòmǐn 알레르기 | 细菌 xìjūn 세균 | 免疫力 miǎnyìlì 면역력 | 造成 zàochéng 야기하다 | 危害 wēihài 피해, 위험 | 因此 yīncǐ 그래서, 그리하여 | 建议 jiànyì 건의하다, 제안하다

답변완성 TIP

● 동사 + 好: 잘~하다

예 请拿好您的钱。
돈을 잘 챙기세요.

예 自己的事，应该想好再说；别人的事，谨慎地说。
자신의 일은 반드시 잘 생각하고 말하고, 다른 사람의 일은 신중히 말해야 한다.

 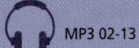

问题 13

为了吸引顾客，不少品牌搞打折促销活动。有的人认为打折促销活动能增加销量，提升销售额。但有些人认为打折促销有损品牌形象。你对促销活动有什么看法？

고객을 유치하기 위하여 많은 브랜드들이 할인 행사를 합니다. 어떤 사람은 할인 행사가 판매량을 늘리고 매출액을 올릴 수 있다고 생각하지만, 어떤 사람은 할인 행사가 브랜드 이미지에 손상을 입힌다고 생각합니다. 당신은 할인 행사에 대하여 어떻게 생각합니까?

해설 4부분은 위의 문제처럼 문제를 활용하여 답변할 수 있게 출제되는 문제들이 있다. 할인 행사의 장점 측면에서 이야기하고자 하면 판매량과 매출액 향상, 고객유치, 브랜드 지명도 향상 등을, 반대라면 이미지 손상 측면에서 명품 브랜드들이 할인행사를 하지 않는 이유를 들어 답변 하면 된다. 답변 준비시간 동안에는 전체 문장을 준비하려 하지 말고 답변 시 말하고자 하는 핵심 단어들을 떠올려 답변할 수 있도록 하자.

吸引 xīyǐn 끌어들이다 | 顾客 gùkè 고객 | 品牌 pǐnpái 브랜드 | 搞 gǎo 하다 | 打折 dǎzhé 할인하다 | 促销 cùxiāo 판매를 촉진하다 | 增加 zēngjiā 증가하다 | 销量 xiāoliàng 판매량 | 提升 tíshēng 높이다 | 销售额 xiāoshòu'é 매출액 | 有损 yǒusǔn 손상을 입히다

回答1 我觉得打折促销是提高品牌知名度的好方法。因为有些品牌不打折的时候，普通消费者根本买不起，但如果打折促销的话，不仅能让消费者得到实惠，还能通过消费者口碑提高品牌知名度，不是一举两得的好办法吗？

저는 할인 판촉이 브랜드 지명도를 높이는 좋은 방법이라고 생각합니다. 어떤 브랜드들은 할인을 하지 않을 때 일반 소비자들이 절대 살 수 없지만, 만약 할인 판촉을 하면 소비자로 하여금 혜택을 얻게 할 수 있을 뿐만 아니라 소비자의 평판을 통해 브랜드 지명도도 높인 수 있기 때문입니다. 이야말로 일거양득의 좋은 방법 아닙니까?

知名度 zhīmíngdù 지명도 | 普通 pǔtōng 보통의 | 消费者 xiāofèizhě 소비자 | 根本 gēnběn 아예 | 买不起 mǎibuqǐ (비싸서) 살 수 없다 | 不仅 bùjǐn ~일 뿐만 아니라 | 得到 dédào 얻다 | 实惠 shíhuì 실리 | 口碑 kǒubēi 평가 | 提高 tígāo 향상시키다 | 一举两得 yìjǔliǎngdé 일거양득

回答2 我认为打折促销会有损品牌形象。众所周知，像那些国际大品牌，比如香奈儿，路易威登，普拉达这样的牌子，是不搞打折促销活动的。我觉得这些大品牌不搞促销活动是因为他们坚信物有所值的道理。

저는 할인 판촉행사가 브랜드 이미지에 손상을 입힌다고 생각합니다. 모든 사람이 다 알고 있듯 샤넬이나 루이비통, 프라다와 같은 글로벌 브랜드는 할인행사를 하지 않습니다. 저는 이러한 명품브랜드들이 할인행사를 하지 않는 것은 그들이 물건의 가격에 그만한 가치가 있다고 굳게 믿기 때문이라고 생각합니다.

形象 xíngxiàng 이미지 | 众所周知 zhòngsuǒzhōuzhī 모든 사람이 다 알고 있다 | 像 xiàng 마치 ~와 같다 | 国际 guójì 국제적의 | 比如 bǐrú 예를 들면 | 香奈儿 Xiāngnài'ér 샤넬 | 路易威登 Lùyìwēidēng 루이비통 | 普拉达 Pǔlādá 프라다 | 牌子 páizi 브랜드 | 坚信 jiānxìn 굳게 믿다 | 道理 dàolǐ 이치, 도리

답변완성 TIP

- **동사 + 不起: ~할 수 없다**

  예 一般的消费者根本买不起这个牌子的商品。
  일반 소비자들은 아예 이 브랜드의 상품을 살 수 없다.

  예 我怎么也经不起失败的挫折。
  나는 어떻게 해도 실패의 좌절을 감당할 수가 없다.

  예 别人可以看不起你，但你一定要看得起自己。
  다른 사람이 당신을 무시해도, 당신은 반드시 자신을 존중해야 한다.

02 실전테스트 | 第四部分 | 意见表述 의견 말하기

问题 14

理财的方法很多，比如股票、基金、定期存款或购房等等。你认为哪种理财方法比较好？

재테크의 방법은 많습니다. 예를 들어 주식, 펀드, 정기예금 혹은 주택 구매 등이 있습니다. 당신은 어떤 재테크 방법이 비교적 좋다고 생각합니까?

해설 답변 시에는 현재 하고 있는 재테크 방법을 선택한 이유, 그로 인한 장점, 단점 그리고 앞으로의 재테크 방법을 언급해도 좋다.

理财 lǐcái 재테크 하다 | 股票 gǔpiào 주식 | 基金 jījīn 펀드 | 定期存款 dìngqīcúnkuǎn 정기예금 | 购房 gòufáng 주택을 구매하다

回答1 对于一个收入不多的工薪族来说，养家糊口靠的就是精打细算。所以我的理财方法就是多开几个银行账户，按照不同的用处，把钱存到不同的存折里。比如说电话费、煤气水电费、子女教育费都分别存在不同的存折里。这样可以节省不必要的支出，也算是生活小窍门吧。

수입이 많지 않은 샐러리맨에게 있어, 가족 부양은 꼼꼼하게 계산하고 계획하는 것에 달려 있습니다. 그래서 저의 재테크 방법은 바로 몇 개의 은행계좌를 더 개설하여 다른 용도에 따라 돈을 각각의 통장에 넣어두는 것입니다. 예를 들어 전화 요금, 가스, 수도, 전기세, 자녀 교육비를 모두 각각 다른 통장에 넣어둡니다. 이렇게 하면 불필요한 지출을 막을 수 있고, 생활의 작은 지혜라고도 할 수 있습니다.

对于…来说 duìyú…láishuō ~의 입장에서 말하자면 | 收入 shōurù 수입 | 工薪族 gōngxīnzú 샐러리맨 | 养家糊口 yǎngjiāhúkǒu 집안 식구를 가까스로 부양하다 | 靠 kào 기대다 | 精打细算 jīngdǎxìsuàn 면밀하게 계획하다 | 账户 zhànghù 계좌 | 按照 ànzhào ~에 따르면 | 用处 yòngchù 사용처 | 存折 cúnzhé 통장 | 煤气 méiqì 가스 | 水电费 shuǐdiànfèi 수도, 전기세 | 分别 fēnbié 나누다 | 节省 jiéshěng 아끼다 | 支出 zhīchū 지출 | 算是 suànshì ~인 셈이다 | 小窍门 xiǎoqiàomén 작은지혜

上 回答2 我在公司也算是一个中层管理干部，收入还算不错，所以我炒股。前几年股票市场还算景气，小赚了几笔。但这几年一年不如一年，不但赚的钱都赔进去了，眼看底金都要收不回来了。所以我不建议大家炒股理财，还是选择其他方式吧。

저는 회사의 중역관리 간부라 할 수 있습니다. 수입이 괜찮은 편이어서 주식에 투자를 했습니다. 몇 년간은 주식시장이 호기여서 돈을 좀 벌었습니다. 그러나 최근 몇 년은 해마다 좋지 않아서 벌어드린 수익을 모두 잃었을 뿐만 아니라 곧 기본 투자금도 거두지 못할 지경입니다. 그래서 저는 다른 사람에게 주식 재테크를 권하지 않고 다른 방법을 선택하라고 합니다.

中层管理干部 zhōngcéng guǎnlǐ gànbù 중역 관리 간부 | 炒股 chǎogǔ 주식에 투자하다 | 股票 gǔpiào 주식 | 景气 jǐngqì 호기 | 赚 zhuàn 돈을 벌다 | 笔 bǐ 금전과 관련된 것을 세는 단위 | 赔 péi 손해를 보다 | 眼看 yǎnkàn 곧 | 底金 dǐjīn 기본 투자금

답변완성 TIP

● **按照:** ~에 따라 (뒤에 주로 기준이 되는 것이 나옴)

　计划(계획) / **规定**(규정) / **法律**(법률)

　예 **按照**原来的**计划**，他们应该已经到了。
　　원래의 계획에 따르면, 그들은 이미 도착했어야 한다.

　예 **按照规定**，飞机上禁止用手机。
　　규정에 따르면, 비행기에서는 휴대폰 사용을 금지한다.

问题 15

根据图片说明一下公司考核员工绩效的流程。

그림에 근거하여 회사의 직원 업무 실적 평가 과정을 설명해 보세요.

해설 업무실적 평가에 관해서는 5부분 뿐만 아니라 2부분에서도 출제될 수 있는 문제이다. 관련 단어들의 발음이 난이도가 있으므로 읽는 연습을 많이 하여 답변 시에 더듬거리지 않도록 주의하자.

考核 kǎohé 심사하다 | 绩效 jìxiào 업적과 성과 | 流程 liúchéng 과정

回答1 考核员工绩效的流程大致有四步。第一，在考核开始前要先制定个人绩效计划，制定好目标，并设定相应的赏罚政策。第二，按照制定的个人绩效计划，按部就班地实施。第三，季度快要结束的时候要做绩效反馈，而且还有一次面谈。最后，考核结束后，会根据绩效成绩发放奖金。

직원의 업무 실적을 평가하는 과정은 대략 4단계입니다. 첫째, 평가를 하기 전 먼저 개인의 성과 계획을 세웁니다. 목표를 잘 세우고 그에 상응하는 상벌 정책을 설정합니다. 둘째, 확정된 개인 성과 계획에 따라 순서대로 하나씩 진행합니다. 셋째, 분기가 곧 끝나갈 때 성과 피드백을 주고 한차례 면담을 실시합니다. 마지막으로 평가가 끝난 후 업무 성과 실적에 근거하여 상여금을 지급합니다.

大致 dàzhì 대략, 대강 | 制定 zhìdìng 제정하다 | 目标 mùbiāo 목표 | 并 bìng 그리고, 또 | 设定 shèdìng 설정하다 | 相应 xiāngyìng 상응하다, 적합하다 | 赏罚 shǎngfá 상벌 | 政策 zhèngcè 정책 | 按部就班 ànbùjiùbān 순서대로 하나씩 진행하다 | 实施 shíshī 실시하다 | 季度 jìdù 분기 | 快要 kuàiyào 머지않아 곧 ~하다 | 结束 jiéshù 끝나다 | 反馈 fǎnkuì 피드백 | 面谈 miàntán 면담하다 | 成绩 chéngjī 성적 | 发放 fāfàng 지급하다 | 奖金 jiǎngjīn 상여금, 보너스

回答2 考核员工绩效流程大致分为制定计划、实施计划、绩效反馈、发放奖金四个步骤。首先，每个员工要按实际情况制定个人绩效计划。其次，为了达到预计的绩效成果，每个员工都要竭尽全力。当季度快要结束时会做一次绩效反馈，还有一次面谈。最后，根据绩效考核的结果，公司会给员工发放奖金。

직원의 업무 성과를 평가하는 과정은 대략 계획 세우기, 계획 실시하기, 성과 피드백, 상여금 지급의 4단계로 나눌 수 있습니다. 먼저 모든 직원은 실제 상황에 따라 개인의 업무 성과 계획을 세웁니다. 그 다음 예측한 업무 성과에 도달하기 위하여 모든 직원들은 모든 힘을 다 기울입니다. 분기가 끝날 때쯤 한 번의 업무 성과 피드백과 한차례 면담을 실시합니다. 마지막으로 회사는 업무 성과 실적에 따라 직원에게 상여금을 지급합니다.

分为 fēnwéi ~으로 나누다 | 步骤 bùzhòu 순서, 절차 | 首先 shǒuxiān 먼저 | 实际 shíjì 실제 | 其次 qícì 그 다음 | 达到 dádào 도달하다 | 预计 yùjì 예측하다 | 成果 chéngguǒ 성과 | 竭尽全力 jiéjìn quánlì 온 힘을 다하다

답변완성 TIP

● **达到**: 도달하다, 달성하다

예 我们希望这样做可以**达到**目的。
우리는 이렇게 해서 목표를 달성할 수 있기를 희망한다.

예 那家公司的技术已经**达到**世界先进水平。
그 회사의 기술은 이미 세계적인 선진수준에 도달했다.

03 실전테스트　第一部分 | 快速作答　그림을 보고 간단하게 답하기

问题 1

他正在哪儿干什么?
그는 어디에서 무엇을 하고 있습니까?

해설　남자가 있는 장소와 남자가 행하고 있는 동작에 포인트를 맞춰 답변을 하도록 하자.

回答1　他正在机场托运行李呢。
그는 공항에서 짐을 부치고 있습니다.

> 机场 jīchǎng 공항 | 托运 tuōyùn 부치다 | 行李 xíngli 짐

回答2　他正在机场办理登机手续呢。
그는 공항에서 탑승 수속을 밟고 있습니다.

> 办理 bànlǐ 처리하다 | 登机 dēngjī (비행기에) 탑승하다 | 手续 shǒuxù 수속

답변완성 TIP

● 동작의 진행

기본어순: 주어 + 在/正在 + 동사(구) + (呢)

예　他们　在　看电影　呢。
　　주어　(진행)　동사구　(진행)

그들은 영화를 보고 있다.

예　我弟弟　正在　打篮球。
　　주어　(진행)　동사구

내 남동생은 농구를 하고 있다

03 실전테스트 | 第一部分 | 快速作答 그림을 보고 간단하게 답하기

问题 2

飞机几点起飞?
비행기는 몇 시에 이륙합니까?

해설　시간 관련 문제는 난이도 下에 속하는 문제로 절대로 틀리면 안 되는 문제이다. 제한 시간 내에 빠르고 정확하게 답변하도록 하자.

飞机 fēijī 비행기 | 起飞 qǐfēi 이륙하다

回答1　**飞机两点四十五分起飞。**
비행기는 2시 45분에 이륙합니다.

上 回答2　**飞机差一刻三点起飞。**
비행기는 3시 15분 전에 이륙합니다.

差 chà 모자라다 | 一刻 yíkè 15분

답변완성 TIP

● 시간을 나타내는 표현

两点 liǎng diǎn	2시
一刻 yí kè	15분
半 bàn	30분
差 chà	부족하다, 모자라다

예　**两点一刻**　2시 15분
예　**两点半**　2시 반 (= 2시 30분)
예　**差五分两点**　2시 5분 전 (= 1시 55분)

03 실전테스트　第一部分 | 快速作答　그림을 보고 간단하게 답하기

问题 3

放假去旅行的时候，怎么订酒店更方便？
휴가로 여행갈 때 어떻게 호텔을 예약하는 것이 더 편리합니까?

해설　그림이 여행사이므로 여행사를 통해서 예약하는 것이 편리하다고 답변하면 된다. 답변은 반드시 그림과 관련 있는 내용으로 답변하도록 하자.

放假 fàngjià 방학하다 | 旅行 lǚxíng 여행하다 | 订 dìng 예약하다 | 酒店 jiǔdiàn 호텔 | 方便 fāngbiàn 편리하다

回答1　找个旅行社就行了。
여행사를 찾으면 됩니다.

找 zhǎo 찾다 | 旅行社 lǚxíngshè 여행사

上 回答2　通过旅行社订酒店更方便。
여행사를 통해서 호텔을 예약하는 것이 더 편리합니다.

通过 tōngguò ~을 통해서

03 실전테스트 | **第一部分** | **快速作答** 그림을 보고 간단하게 답하기  MP3 03-4

问题 4

你一般在哪儿见朋友?
당신은 보통 어디에서 친구를 만납니까?

해설 4번 문항은 시험 전 선택한 설문조사를 바탕으로 이루어져, 사교(社交)를 선택할 경우 친구 사귀기, SNS 사용과 같은 응시자의 개인 상황을 물어보는 문제가 출제된다. 일반적으로 4번 문항의 그림은 보조적인 수단으로 사용하면 되고 개인의 상황에 맞춰서 답변하면 된다.

回答1 我们一般在台球厅见面。
우리는 보통 당구장에서 만납니다.

台球厅 táiqiúting 당구장

回答2 我们一般在台球厅见面,先打会儿台球,然后去酒吧喝酒。
우리는 보통 당구장에서 만나는데, 먼저 당구를 좀 치고 그런 다음 술집에 가서 술을 마십니다.

酒吧 jiǔbā 술집

답변완성 TIP

● 先~然后~: 먼저 ~하고 그런 다음 ~하다

예 我们先吃饭,然后再看电影吧。
우리 먼저 밥을 먹은 다음 영화를 봅시다.

예 我先考虑一下,然后再告诉你。
제가 먼저 생각 좀 해본 다음 다시 당신에게 알려 줄게요.

03 실전테스트 | 第二部分 | 简短作答 질문에 간단하게 답하기

问题 5

你认为和什么样的人一起工作比较合适?
당신은 어떤 사람과 함께 일하는 것이 비교적 적합하다고 생각합니까?

해설 상사, 동료 친구 등 사람을 소개하거나 설명하는 문제는 항상 출제된다. 사람의 성격, 외모를 나타내는 어휘들은 반드시 암기하도록 하자.

回答1 我适合跟和我性格合得来的人一起工作。俗话说：" 话不投机半句多"。如果性格不合的话，工作起来一定也会是事倍功半。

저는 제 성격과 맞는 사람과 함께 일하는 것이 적합합니다. 속담에 '말이 통하지 않으면 반 마디 말도 낭비이다' 라는 말이 있습니다. 성격이 맞지 않으면, 일을 할 때 반드시 힘만 많이 들고 성과는 적게 될 것입니다.

适合 shìhé 적합하다 | **性格** xìnggé 성격 | **合得来** hédélái 성격이 잘 맞다 | **俗话** súhuà 속담 | **话不投机半句多** huàbùtóujībànjùduō 말이 통하지 않으면 반 마디 말도 낭비다 | **事倍功半** shìbèigōngbàn 힘은 많이 들이고 성과는 적다

上 回答2 我比较适合和工作能力强的人一起工作。因为我是一个非常理性的人，话不多而且喜欢就事论事，不适合和感情用事的人一起工作。

저는 업무 능력이 뛰어난 사람과 함께 일하는 것이 잘 맞습니다. 저는 매우 이성적인 사람이라서 말이 많지 않고, 사실에 입각하여 논하는 것을 좋아하기 때문에 감정적으로 일을 처리하는 사람과 일하는 것이 맞지 않습니다.

能力 nénglì 능력 | **强** qiáng 강하다 | **理性** lǐxìng 이성적이다 | **就事论事** jiùshìlùnshì 있는 그대로를 가지고 사물을 논하다 | **感情用事** gǎnqíngyòngshì (냉정하게 생각하지 않고) 감정적으로 일을 처리하다

03 실전테스트 | 第一部分 | 快速作答 그림을 보고 간단하게 답하기

问题 6

参加重要会议时，要注意什么?
중요한 회의에 참여할 때 무엇에 주의해야 합니까?

해설 회의에 참여할 때 주의해야 할 점은 회의 내용과 토론의 중점 파악하기, 회의 예절 지키기, 실수하지 않기 등 등이 있다. 자신이 생각하는 주의점을 이야기해보도록 하자.

参加 cānjiā 참석하다 | 会议 huìyì 회의 | 注意 zhùyì 주의하다

回答1 因为是重要会议，所以绝不能出半点儿差错。因此我认为了解会议内容，掌握讨论的重点是最重要的。
중요한 회의이기 때문에 작은 실수도 절대로 해서는 안 됩니다. 따라서 저는 회의 내용을 이해하고 토론의 중점을 파악하는 것이 가장 중요하다고 생각합니다.

绝 jué 절대로 | 半点儿 bàn diǎnr 조금 | 差错 chācuò 착오, 실수 | 了解 liǎojiě 이해하다 | 内容 nèiróng 내용 | 掌握 zhǎngwò 파악하다 | 讨论 tǎolùn 토론하다 | 重点 zhòngdiǎn 중점

回答2 这么重要的会议一定会有很多领导来参加，所以在会议礼节方面绝不能马虎。我认为遵守会议礼节是最重要的，特别是开会期间一定要把手机关掉。
이렇게 중요한 회의라면 반드시 많은 간부들이 참석할 것이기 때문에 회의 예절을 소홀히 해서는 안됩니다. 저는 회의 예절을 지키는 것이 가장 중요하다고 생각하는데, 특히 회의 시간에는 휴대폰을 반드시 꺼야 합니다.

领导 lǐngdǎo 간부 | 礼节 lǐjié 예절 | 方面 fāngmiàn 방면 | 马虎 mǎhu 소홀히 하다 | 遵守 zūnshǒu 준수하다 | 期间 qījiān 기간 | 关掉 guāndiào 꺼놓다

답변완성 TIP

- **绝不能~** : 절대로~해서는 안 되다

  예 今天下午的会议非常重要，你绝不能迟到。
  오늘 오후의 회의는 매우 중요하니, 절대로 늦어서는 안 됩니다.

  예 工作中遇到问题必须向主管报告，绝不能你一个人决定。
  업무 중 문제가 생기면 반드시 팀장님께 보고해야 하며, 절대로 당신 혼자서 결정하면 안 됩니다.

- **把~关掉** : ~을 끄다

  예 把电脑关掉。
  컴퓨터를 끄다.

  예 把灯关掉。
  형광등을 끄다.

03 실전테스트 | 第二部分 | 简短作答 질문에 간단하게 답하기

 MP3 03-7

问题 7

你喜欢看什么样的电视节目?
당신은 어떤 TV프로그램을 좋아합니까?

해설 어떤 TV 프로그램을 좋아하는지 먼저 답변하고 그 뒤에 그 프로그램을 좋아하는 이유를 답변하도록 하자. TV 프로그램과 관련된 명사, 예를 들어 스포츠, 드라마 같은 단어들은 미리 파악해 두어 단어를 몰라서 답변을 못 하는 상황은 피하도록 하자.

节目 jiémù 프로그램

回答1 我最喜欢看体育类节目,特别是足球比赛。我是一个铁杆儿球迷,观看比赛时总是会让我热血沸腾,仿佛又回到了年轻的时候。

저는 스포츠 프로그램을 가장 좋아하는데, 특히 축구 경기를 좋아합니다. 저는 열성 축구팬이어서 경기를 볼 때면 늘 뜨거운 피가 끓어올라 마치 젊은 시절로 다시 돌아간 것 같습니다.

体育 tǐyù 스포츠 | 类 lèi 종류 | 足球 zúqiú 축구 | 比赛 bǐsài 경기 | 铁杆儿 tiěgǎnr 확고한 | 球迷 qiúmí 구기 종목 팬 | 观看 guānkàn 관람하다 | 总是 zǒngshì 언제나 | 热血沸腾 rèxuèfèiténg 피가 끓어오르다 | 仿佛 fǎngfú 마치 ~인 것 같다

 回答2 我特别喜欢看青春偶像电视剧。因为很多现实中根本不存在的白马王子与灰姑娘的故事,总是能在青春偶像剧里出现。这让我有一种代理满足感。

저는 아이돌 청춘 드라마를 특히 좋아합니다. 왜냐하면 현실에서 절대 존재하지 않는 백마 탄 왕자님과 신데렐라 이야기가 아이돌 청춘 드라마에서는 늘 나오기 때문입니다. 이것은 저로 하여금 대리만족을 느끼게 합니다.

青春 qīngchūn 청춘 | 偶像 ǒuxiàng 우상 | 电视剧 diànshìjù 드라마 | 根本 gēnběn 전혀 | 存在 cún zài 존재하다 | 灰姑娘 huīgūniáng 신데렐라 | 故事 gùshì 이야기 | 实现 shíxiàn 실현하다 | 代理 dàilǐ 대신하다 | 满足感 mǎnzúgǎn 만족감

03 실전테스트 | 第二部分 | 简短作答 질문에 간단하게 답하기

问题 8

简单地介绍一下你的工作经历。
당신의 업무 경력을 간단히 소개해 보세요.

해설 응시자의 업무 경력, 업무와 관련된 경험, 맡고 있는 프로젝트 등 업무와 관련된 문제는 반드시 출제된다. 업무 경력이 있다면 어느 정도 됐는지, 구체적으로 어떤 일을 하는지 수입은 어떻게 되는 지 등을 설명하고 업무 경력이 없다면 어떤 업무를 희망하는지 등 자신의 포부를 이야기하면 된다.

经历 jīnglì 경험

回答1 我在一家贸易公司工作已经十年了。工作稳定，收入也比较多。这一路走来有风有雨，有苦有甜，虽然辛苦，但我从来都没有后悔过。
저는 무역회사에서 근무한지 벌써 10년이 되었습니다. 업무가 안정적이고, 수입도 비교적 높습니다. 이 길을 걸어오며 고난도 있었고, 슬픈 일도 기쁜 일도 있었습니다. 비록 고생스럽지만 저는 여태껏 후회해 본 적이 없습니다

贸易 màoyì 무역 | 稳定 wěndìng 안정적이다 | 收入 shōurù 수입 | 有风有雨 yǒufēngyǒuyǔ 고난이 있다 | 有苦有甜 yǒukǔyǒutián 슬픈 일 기쁜 일이 있다 | 虽然 suīrán 비록 | 辛苦 xīnkǔ 고생스럽다 | 从来 cónglái 여태껏 | 后悔 hòuhuǐ 후회하다

回答2 我今年大学刚毕业，还没有什么工作经历。但我相信等我就业以后，一定会认真做好每一项工作，不求最好，只求更好，尽量不给自己留下太多的遗憾。
저는 올해 대학을 막 졸업해서 아직 업무 경험이 없습니다. 하지만 저는 취업 후에 반드시 모든 일을 열심히 하고, 최고를 추구하지 않고 더 나은 것을 추구하며, 스스로 너무 많은 아쉬움이 남지 않도록 최선을 다할 것을 믿습니다

就业 jiùyè 취업하다 | 认真 rènzhēn 열심히 하다 | 项 xiàng 항목 | 不求 bùqiú 바라지 않다 | 尽量 jǐnliàng 최대한 | 留下 liúxià 남기다 | 遗憾 yíhàn 유감이다

답변완성 TIP

● **从来 + 不/没 + 술어 : 여태껏 ~한 적이 없다**

예 我**从来没**去过加拿大。
나는 여태껏 캐나다에 가본 적이 없다.

예 我**从来不**抽烟，不喝酒。
나는 여태껏 담배를 피우지 않고, 술을 마시지 않는다.

03 실전테스트 | 第三部分 | 情景模拟 주어진 상황에 맞게 말하기

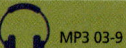

问题 9

你的电脑出故障了。请你给维修中心打电话说明一下情况并解决问题。

당신의 컴퓨터가 고장 났습니다. 수리센터에 전화를 걸어 상황을 설명하고 문제를 해결하세요.

해설 전자기기의 고장과 관련하여 문제 해결을 요구하는 문제는 3부분에 자주 출제된다. 전자 기기의 고장과 관련된 어휘를 먼저 파악해야 하며 상황은 구체적이고 자세하게 설명해야 한다. 또한 마지막에 상황을 해결할 수 있는 방법을 제시하여 답변을 마무리하면 된다.

出故障 chū gùzhàng 고장이 나다 | 维修中心 wéixiūzhōngxīn 수리센터

回答1

喂，你好！我的电脑开机时噪音特别大，开机后又无法进入Window系统，而且屏幕也特别暗。我开始以为是电脑中毒了，所以安装并运行了杀毒软件，但没发现任何问题。希望你们尽快派人过来检测一下。

여보세요, 안녕하세요. 저의 컴퓨터가 부팅할 때 소음이 너무 크고, 컴퓨터를 켠 후에는 윈도우에 들어가지지 않고, 게다가 화면도 매우 어둡습니다. 처음에는 컴퓨터가 바이러스에 걸린 것이라고 생각해서 백신 프로그램을 설치하고 실행했는데, 어떠한 문제도 발견하지 못했습니다. 최대한 빨리 사람을 보내서 검사 좀 해주시길 바랍니다.

开机 kāijī (기기를) 켜다 | 噪音 zàoyīn 잡음 | 无法 wúfǎ ~할 방법이 없다 | 系统 xìtǒng 시스템 | 屏幕 píngmù 모니터 | 暗 àn 어둡다 | 以为 yǐwéi ~인 줄 알았다 | 中毒 zhòngdú 바이러스에 걸리다 | 安装 ānzhuāng 설치하다 | 并 bìng 그리고 | 运行 yùnxíng 실행하다 | 杀毒软件 shādúruǎnjiàn 백신 프로그램 | 任何 rènhé 어떠한 | 尽快 jǐnkuài 최대한 빨리 | 派 pài 파견하다 | 检测 jiǎncè 검사하다

回答2

喂，你好！我的电脑突然连不上网络了。我以为是网线没插好，但重新连接以后，还是上不了网，我也检查过无线路由器，也没问题。真不知道到底哪儿出了问题。我还有好多工作没做完呢，请尽快派人过来检查一下，好吧？

여보세요, 안녕하세요, 저의 컴퓨터가 갑자기 인터넷 연결이 안됩니다. 인터넷 선 연결이 잘 안 된 줄 알고 다시 연결해 보았는데 여전히 인터넷이 되지 않습니다. 제가 무선 공유기도 검사해 보았지만 문제 없습니다. 정말이지 어디에서 문제가 생긴 건지 모르겠습니다. 아직 끝내지 못한 업무가 많아요. 최대한 빨리 사람을 보내서 점검해주시겠어요?

突然 tūrán 갑자기 | 连不上 liánbushàng 연결이 되지 않는다 | 网络 wǎngluò 인터넷 | 网线 wǎngxiàn 인터넷 선 | 插 chā 꽂다,끼우다 | 重新 chóngxīn 다시 | 连接 liánjiē 연결하다 | 检查 jiǎnchá 검사하다 | 无线路由器 wúxiànlùyóuqì 무선공유기 | 到底 dàodǐ 도대체

답변완성 TIP

- **以为**: ~라고 생각하다, ~라고 여기다
  - 예) 我以为他是一个很能干的人。
    나는 그가 매우 능력 있는 사람인 줄 알았다.
  - 예) 我以为三天以内能完成这个项目。
    나는 3일 내에 이 프로젝트를 완성할 수 있을 줄 알았다.

- **派**: 파견하다
  - 예) 公司派我去中国出差。
    회사는 나를 중국으로 출장 보냈다.
  - 예) 近被公司派到别的单位做事。
    나는 최근 회사에 의해 다른 부서로 파견되어 근무하고 있다.

03 실전테스트　第三部分 | 情景模拟　주어진 상황에 맞게 말하기

问题 10

你是一家旅行社的导游。今天你要接待一个中国旅行团，请你向中国游客介绍一下今天的主要行程。

당신은 한 여행사의 가이드입니다. 오늘 당신은 중국 여행단을 안내해야 합니다. 중국 여행객들에게 오늘의 주요 일정을 설명해 보세요.

해설　일정은 오전, 오후, 저녁으로 나누어서 답변하는 것이 좋다. 구체적인 시간에 어떤 활동을 계획하고 있는지 이야기하고 시간 준수와 문제가 생기지 않도록 협조를 부탁하는 당부의 멘트로 답변을 마무리를 하자.

旅行社 lǚxíngshè 여행사 | 导游 dǎoyóu 가이드 | 接待 jiēdài 접대하다 | 旅行团 lǚxíngtuán 여행단 | 游客 yóukè 여행객 | 行程 xíngchéng 여정

回答1　大家好！欢迎大家来韩国。我叫李韩娜，是可来旅行社的导游。接下来的几天就由我来为大家服务。预祝大家在韩国玩得开心，吃得称心，住得舒心。今天上午我们将游览首尔市中心的一些名胜古迹，包括光化门和景福宫。中午回酒店吃完午饭后，休息一会儿。下午我带大家到明洞附近逛一逛。在旅行期间请大家一定要配合我的安排，特别是要遵守时间。如果遇到突发状况，请务必及时与我联系，谢谢。

여러분 안녕하세요. 한국에 오신 것을 환영합니다. 저는 이한나라고 하며, 커라이 여행사의 가이드입니다. 앞으로 며칠 동안 제가 여러분을 안내하겠습니다. 모두들 한국에서 즐겁게 놀고, 마음껏 먹고, 편하게 머무시길 바라겠습니다. 오늘 오전에는 광화문과 경복궁을 포함해서 서울시 중심의 일부 명승고적들을 관람하겠습니다. 점심 때 호텔로 돌아가 점심을 먹고, 잠시 쉬겠습니다. 오후에는 제가 여러분들을 모시고 명동 근처를 구경하도록 하겠습니다. 여행 기간 동안 모두들 저의 일정에 꼭 협조해 주시길 바라며, 특히 시간을 준수해 주시길 바랍니다. 만약 돌발 상황이 생기면, 반드시 저에게 바로 연락해 주세요. 감사합니다.

接下来 Jiēxiàlái 이어서 | 预祝 yùzhù 미리 축하하다 | 开心 kāixīn 즐겁다 | 称心 chēngxīn 흡족하다 | 舒心 shūxīn 기분이 좋다 | 将 jiāng ~하게 될 것이다 | 游览 yóulǎn 유람하다 | 名胜古迹 míngshènggǔjì 명승고적 | 包括 bāokuò 포함하다 | 光化门 Guānghuàmén 광화문 | 景福宫 Jǐngfúgōng 경복궁 | 明洞 Míngdòng 명동 | 逛 guàng 구경하다 | 配合 pèihé 협조하다 | 遵守 zūnshǒu 준수하다 | 遇到 yùdào 만나다 | 突发 tūfā 갑자기 발생하다 | 状况 zhuàngkuàng 상황 | 务必 wùbì 반드시 | 及时 jíshí 바로

回答2　各位中国朋友，大家好！欢迎大家来到韩国，我叫李娜，是你们的导游。这几天的行程由我来负责，希望在座的各位能在韩国度过一个愉快而美好的假期。今天上午我们先去江南附近逛一逛，午餐带大家品尝韩国的传统美食——参鸡汤，下午我将带大家到仁寺洞体验韩国传统文化，在那儿大家有两个小时的自由时间。如果有哪位在旅途中感到身体不适的话，请及时告诉我。

중국 고객 여러분 안녕하세요. 한국에 오신 것을 환영합니다. 저는 여러분의 가이드 리나입니다. 앞으로 며칠 동안의 여행일정을 제가 담당하게 되었습니다. 자리에 계신 모든 분들이 한국에서 즐겁고 아름다운 여행을 하시길 바랍니다. 오늘 오전에는 먼저 강남일대를 구경하고 점심식사는 한국 전통의 음식–삼계탕을 드시게 될 겁니다. 오후에는 인사동에서 한국의 전통문화를 체험하고 2시간의 자유시간을 드릴 겁니다. 만약 여행 중 몸이 불편하신 분이 있으시다면 즉시 저에게 알려주세요.

负责 fùzé 책임지다 | 在座 zàizuò 자리에 있다, 참석하다 | 度过 dùguò 보내다 | 假期 jiàqī 휴가기간 | 江南 Jiāngnán 강남 | 品尝 pǐncháng 맛보다 | 传统 chuántǒng 전통의 | 美食 měishí 맛있는 음식 | 参鸡汤 Shēnjītāng 삼계탕 | 仁寺洞 Rénsìdòng 인사동 | 体验 tǐyàn 체험하다

답변완성 TIP

● 得: 동사나 형용사 뒤에 쓰여 결과나 정도를 나타내는 보어와 연결시킴

　예) 你汉语说**得**真好！　　　　　　예) 她激动**得**流眼泪了。
　　　당신 중국어를 정말 잘하는군요!　　　그녀는 감동한 나머지 눈물을 흘렸다.

03 실전테스트 | 第三部分 | 情景模拟 주어진 상황에 맞게 말하기

 MP3 03-11

问题 11

你是某百货商店的业务经理，正在宣传商场金卡会员的优惠政策。请你向顾客介绍一下商场向金卡会员提供哪些优惠及如何办理。

당신은 모 백화점의 영업부 팀장으로, 백화점 골드카드 회원 우대 정책을 홍보하고 있습니다. 고객에게 백화점이 골드카드 회원에게 어떤 혜택을 제공하는지, 어떻게 발급받는지에 대해 설명해 보세요.

해설 문제는 두 가지 미션 해결을 요구하고 있다. 바로 회원에게 제공하는 혜택과 카드 발급 방법인데 이것은 두 가지 미션을 모두 해결해야만 점수를 받을 수 있다는 것을 의미한다. 혜택은 상시 할인, 무료 주차권, 선물 증정 등을 이야기 할 수 있고 발급은 신분증 휴대와 고객센터 방문 등을 언급할 수 있다

| 某 mǒu 아무, 모 | 宣传 xuānchuán 홍보하다 | 优惠 yōuhuì 특혜의, 우대의 | 政策 zhèngcè 정책 | 顾客 gùkè 고객 | 如何 rúhé 어떻게 | 办理 bànlǐ 처리하다 | 手续 shǒuxù 수속

回答 1
你好！如果您成为本商场的金卡会员，当日消费满五百元以上或一个月内累计消费超过一千五百元，就可以享受九折优惠。另外，每年还会按照积分等级赠送好礼。此外，每个月将赠送三张免费停车的优惠券。我们的金卡会员是实名制的，新办或补办都需要携带身份证才可办理。

안녕하세요! 만약 저희 백화점의 골드카드 회원이 되시면, 당일 소비 금액이 500위안 이상이거나 혹은 한 달 간 소비 금액이 1500위안이 넘으면 10% 할인 혜택을 누리실 수 있습니다. 그 밖에 매년 포인트 등급에 따라 선물도 증정합니다. 이 밖에 매달 3장의 무료 주차권도 증정해 드립니다. 저희 골드카드 회원은 실명제여서 신규 발급 혹은 재발급 모두 신분증을 휴대하셔야 처리 가능합니다.

成为 chéngwéi ~으로 되다 | 当日 dāngrì 당일 | 消费 xiāofèi 소비하다 | 以上 yǐshàng 이상 | 累计 lěijì 누적하다 | 超过 chāoguò 초과하다 | 享受 xiǎngshòu 누리다 | 另外 lìngwài 그밖에 | 按照 ànzhào ~에 따라 | 积分 jīfēn 포인트 | 等级 děngjí 등급 | 赠送 zèngsòng 증정하다 | 好礼 hǎolǐ 선물 | 此外 cǐwài 이밖에 | 免费 miǎnfèi 무료로 하다 | 停车 tíngchē 주차하다 | 优惠券 yōuhuìquàn 우대권 | 实名制 shímíngzhì 실명제 | 补办 bǔbàn 재발급하다 | 携带 xiédài 휴대하다 | 身份证 shēnfènzhèng 신분증

上 回答 2
大家好！本商场向金卡会员提供的优惠政策如下：第一，在本商场购物可享受八五折优惠，年末时按照积分等级会有好礼相赠。第二，在本商场购物后还可享受免费礼品包装服务及快递上门服务。办理金卡的手续很简单，您只需携带本人身份证到我们的客户服务中心办理就可以了，一年的会员费为八百元。

안녕하십니까! 본 매장의 골드카드 회원에게 제공하는 우대 정책은 다음과 같습니다. 첫째, 매장에서 구입하신 물건은 15%의 할인을 받으실 수 있고, 연말에 포인트 등급에 따라 상품을 증정합니다. 둘째, 본 매장에서 물품 구매 후 무료 포장서비스와 배달서비스를 받으실 수 있습니다. 골드카드를 만드는 절차는 아주 간단합니다. 본인 신분증만 가지고 저희 고객서비스센터로 가셔서 처리하시기만 하면 됩니다. 연회비는 800위안입니다.

如下 rúxià 다음과 같다 | 购物 gòuwù 구매하다 | 年末 niánmò 연말 | 相赠 xiāngzèng 증정하다 | 礼品 lǐpǐn 선물 | 包装 bāozhuāng 포장하다 | 快递 kuàidì 배달하다, 배송하다 | 上门 shàngmén 방문하다 | 客户服务中心 kèhùfúwùzhōngxīn 고객 서비스 센터 | 会员费 huìyuánfèi 회비

답변완성 TIP

- **或(=或者):** 혹은(평서문에 쓰임)
  예) 我们只有两条路可以走，或者留下，或者离开。
  우리에게 두 가지 길밖에 없다. 남거나 아니면 떠나거나.

- **还是:** 아니면(의문문에 쓰임)
  예) 这次项目的负责人是谁？李科长还是金代理？
  이번 프로젝트의 담당자는 누구입니까? 이 과장님입니까, 아니면 김 대리님입니까?

03 실전테스트 | 第四部分 | 意见表述 의견 말하기

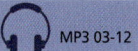

问题 12

为了帮助员工尽快适应工作环境，提高工作效率，企业安排员工接受企业文化培训和岗前培训。你认为这些培训对工作有什么帮助?

직원이 최대한 빨리 업무 환경에 적응하도록 돕고, 업무 효율을 높이기 위하여 기업은 직원에게 기업 문화 교육과 입사 교육을 받도록 준비합니다. 당신은 이러한 교육이 업무에 어떤 도움이 된다고 생각합니까?

해설 기업의 교육이 도움이 된다면 내부 조직 구조 이해, 업무 직책 파악, 다른 동료들과의 친분 쌓기 등 다양하게 답변해보도록 하자. 답변 서술 시에는 자신의 의견을 서론, 본론, 결론으로 나누어서 답변하는 것이 고득점을 받을 수 있다.

为了 wèile ~을 위하여 | 尽快 jǐnkuài 최대한 빨리 | 适应 shìyìng 적응하다 | 环境 huánjìng 환경 | 效率 xiàolǜ 효율 | 企业 qǐyè 기업 | 培训 péixùn 교육, 훈련

回答 1 我觉得这些培训大概有两个好处。一是帮助新员工尽快了解整个公司的内部组织结构，迅速掌握自己的工作职责。二是帮助员工消除对公司的陌生感。员工可以通过培训结识其他职员，以便日后工作的时候不会觉得是一个人孤军奋战。

저는 이러한 교육에 대략 2가지 장점이 있다고 생각합니다. 첫 번째는 신입사원이 최대한 빨리 회사 전체의 내부 조직 구조를 이해하고, 신속하게 본인의 업무 직책을 파악하는데 도움을 줍니다. 두 번째는 직원으로 하여금 회사에 대한 생소함을 없애는데 도움을 줍니다. 직원은 교육을 통하여 다른 직원들과 친분을 쌓을 수 있는데, 이것은 이후 업무를 할 때 혼자 고군분투한다는 느낌이 들지 않게 할 것입니다.

大概 dàgài 대략 | 好处 hǎochù 장점 | 整个 zhěngge 전체 | 组织 zǔzhī 조직 | 结构 jiégòu 구조 | 迅速 xùnsù 신속하다 | 掌握 zhǎngwò 파악하다 | 职责 zhízé 직책 | 消除 xiāochú 제거하다, 해소하다 | 陌生感 mòshēnggǎn 생소함 | 结识 jiéshí 사귀다 | 以便 yǐbiàn ~하기에 편하도록 | 日后 rìhòu 나중 | 孤军奋战 gūjūnfènzhàn 고군분투하다

上 回答 2 我觉得公司安排这些培训能够使员工快速掌握公司的工作流程，让员工知道应该先做什么再做什么，相当于一个工作指南。除此之外，还会教会员工如何解决问题。比如办公用品坏了应该找哪个部门，预定会议室应该打哪个电话等等。

저는 회사의 이러한 교육이 직원으로 하여금 좀 더 빠르게 회사의 업무 흐름을 파악할 수 있게 하고, 일의 선후를 알게 하는 업무지침서와 같은 역할을 한다고 생각합니다. 이 밖에도 직원으로 하여금 어떻게 문제를 해결해야 하는지 알려 준다고 생각합니다. 예를 들어 사무용품이 망가지면 어느 부서를 통해야 하는지, 회의실을 예약할 때는 어디에 전화를 해야 하는지 등등 입니다.

能够 nénggòu ~할 수 있다 | 使 shǐ ~하게 하다 | 流程 liúchéng 흐름 | 相当于 xiāngdāngyú ~에 상당하다 | 指南 zhǐnán 지침서 | 除此之外 chúcǐzhīwài 이것을 제외하고 | 教 jiāo 가르치다 | 如何 rúhé 어떻게 | 解决 jiějué 해결하다 | 部门 bùmén 부서 | 预定 yùdìng 예약하다

답변완성 TIP

● **以便**: ~하기 편하도록, ~하기 위하여

예 请你在信封上写上邮政编码，**以便**迅速投递。
빨리 배송될 수 있도록 편지봉투에 우편번호를 쓰세요.

예 她对消费者的需求做了详细的调查，**以便**分析新产品是否符合市场需求。
신제품이 시장의 요구에 부합한지 분석하기 위해 그녀는 소비자의 요구에 대해 상세히 조사했다.

03 실전테스트 | 第四部分 意见表述 의견 말하기

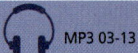

问题 13

对于一个新项目，你认为按时完成重要还是过程中没有失误更重要？

새로운 프로젝트에 있어서 당신은 시간에 맞추어 완성하는 것이 중요하다고 생각합니까, 아니면 과정에 실수가 없는 것이 중요하다고 생각합니까?

해설 시간을 맞추는 것이 중요하다고 생각한다면 시장 needs, 시장 점유 속도 측면에서, 실수가 없는 것이 중요하다고 생각되면 속도만을 쫓아 실수가 야기되는 소실 측면에서 답변을 하면 된다. 4부분은 주요적으로 응시자의 생각과 의견을 알아보기 위한 문제이기 때문에 반드시 자신의 의견을 뒷받침 할 수 있는 근거를 제시해야 한다.

对于 duìyú ~에 대하여 | **项目** xiàngmù 프로젝트 | **按时** ànshí 제시간에 | **过程** guòchéng 과정 | **失误** shīwù 실수

回答 1

我觉得有些项目，一旦错过了时机，就算完成得再好也没用。如果这个新项目正好是市场急需的，但却因种种原因错过了上市时间，让竞争对手占了大部分的市场份额，那你弄的这个项目还有什么商业价值呢？

저는 일부 프로젝트들은 일단 시기를 놓치면 아무리 잘 완성했다고 해도 소용이 없다고 생각합니다. 만약 이 새로운 프로젝트가 마침 시장에서 급하게 필요로 하는 것인데, 갖가지 이유 때문에 출시할 시간을 놓치고 경쟁상대로 하여금 대부분의 시장 점유율을 차지하게 만들었다면, 당신이 완성한 이 프로젝트는 무슨 사업 가치가 있겠습니까?

一旦 yídàn 일단 | **错过** cuòguò 놓치다 | **时机** shíjī 시기 | **正好** zhènghǎo 마침 | **急需** jíxū 절박하게 필요하다 | **却** què 오히려 | **原因** yuányīn 원인 | **竞争** jìngzhēng 경쟁하다 | **对手** duìshǒu 상대, 라이벌 | **占** zhàn 차지하다 | **份额** fèn'é 점유율 | **商业** shāngyè 상업 | **价值** jiàzhí 가치

回答 2

我们常常能在电视新闻里听到XX汽车公司因汽车零部件不完善而召回的新闻。这说明在完成项目过程中出现的失误所造成的损失是难以估量的。所以我认为在完成项目的过程中没有失误重要。

우리는 자주 TV에서 어느 자동차 회사가 자동차 부품의 결함으로 리콜한다는 뉴스를 들을 수 있습니다. 이것은 프로젝트를 완성하는 과정에서 나타나는 실수가 야기하는 손실이 더욱 예측하기 어렵다는 것을 말해 줍니다. 그러므로 저는 프로젝트를 완성하는 과정에서 실수가 없는 것이 중요하다고 생각합니다.

新闻 xīnwén 뉴스 | **零部件** língbùjiàn 부속품 | **完善** wánshàn 완벽하다 | **召回** zhàohuí 리콜하다 | **造成** zàochéng 야기하다 | **损失** sǔnshī 손실 | **难以** nányǐ ~하기 어렵다 | **估量** gūliàng 추측하다

답변완성 TIP

● **一旦**: 일단~한다면

예) **一旦**做出决定，就要坚定地做下去。
일단 결정을 내렸으면 결연하게 해 나가야 한다.

예) **一旦**出现情况，请你立刻向总部报告。
일단 상황이 발생하면 즉시 본부에 보고하세요.

03 실전테스트 | 第四部分 | 意见表述 의견 말하기

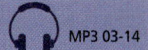

问题 14

现在很多公司不允许员工之间互相公开薪资情况，你觉得这合理吗？

현재 많은 회사들이 직원 간에 서로 급여를 공개하는 것을 허가하고 있지 않습니다. 당신은 이것이 합리적이라고 생각합니까?

해설 급여 공개, 승진, 잦은 회식 등 회사생활에 관한 찬반의견을 묻는 문제는 4부분에서 자주 출제되는 문제 중 하나이다. 합리적이라고 생각한다면 사적인 비밀이자 회사의 기밀 측면에서, 합리적이지 않다면 회사에서 간섭할 권리가 없다는 측면에서 답변하면 된다.

允许 yǔnxǔ 허락하다 | 之间 zhījiān 사이 | 互相 hùxiāng 서로 | 公开 gōngkāi 공개하다 | 薪资 xīnzī 임금, 급여 | 合理 hélǐ 합리적이다

回答1 我觉得这很合理。因为工资是个人隐私，也是公司机密。它取决于个人所在部门的业绩，而且打听工资也会产生一种攀比心理，一旦同事比自己挣得多了，就会产生嫉妒心理，从而影响工作状态。

저는 이것이 매우 합리적이라고 생각합니다. 급여는 개인의 사적인 비밀이자 회사의 기밀이기 때문입니다. 그것은 개인이 속한 팀의 업무 실적에 따라 결정됩니다. 또한 급여를 알아보면 일종의 비교 심리가 생기게 되는데, 일단 동료가 자신 보다 더 많이 벌면, 질투심이 생겨 업무 상태에 영향을 주게 됩니다.

工资 gōngzī 월급 | 隐私 yǐnsī 프라이버시 | 取决于 qǔjuéyú ~에 의해 결정된다 | 部门 bùmén 부서 | 业绩 yèjì 업적, 실적 | 打听 dǎting 알아보다 | 产生 chǎnshēng 생기다 | 攀比 pānbǐ 비교하다 | 一旦 yídàn 일단 | 挣 zhèng (돈을) 벌다 | 嫉妒 jídù 질투하다 | 从而 cóng'ér 따라서 | 影响 yǐngxiǎng 영향을 미치다 | 状态 zhuàngtài 상태

回答2 我不同意这样的想法。打听工资属于个人行为，公司无权干涉。如果公司按劳付酬，那就不怕被人打听。如果做同样的工作，挣的钱却不同的话，这未免也太不公平了吧。

저는 이런 생각에 동의하지 않습니다. 연봉을 알아보는 것은 개인의 행위에 속하는 것이며, 회사는 간섭할 권리가 없습니다. 만약 회사가 성과에 따라 임금을 지불한다면 다른 사람에게 알려지는 것이 두렵지 않을 것입니다. 만약 똑같은 업무를 하고 버는 돈이 다르다면, 이것은 너무 불공평하다고 하지 않을 수 없습니다.

属于 shǔyú ~에 속하다 | 行为 xíngwéi 행위 | 无权 wúquán 권리가 없다 | 干涉 gānshè 간섭하다 | 按劳付酬 ànláofùchóu 노동에 따라 임금을 지불하다 | 怕 pà 무섭다 | 同样 tóngyàng 같다 | 挣钱 zhèngqián 돈을 벌다 | 未免 wèimiǎn ~하지 않을 수 없다

답변완성 TIP

- **取决于~: ~에 달려 있다, ~에 의존하다**

  예) 考得好不好，完全**取决于**你自身的努力。
  시험을 잘 보고 못 보고는 완전히 네 자신의 노력에 달려 있다.

  예) 未来会发生的事，完全**取决于**你现在做的决定。
  미래에 발생될 일은 완전히 네가 현재 하는 결정에 달려 있다.

03 실전테스트 | 第五部分 | 看图描述 그림을 보고 이야기 만들기

 MP3 03-15

问题 15

根据图片说明一下人们跳槽的原因。
그림에 근거하여 사람들이 이직하는 원인에 대해 설명해 보세요.

해설 이직하는 원인, 이직의 장단점은 5부분 뿐만 아니라 2부분, 4부분에서도 출제될 수 있는 문제이다. 취업, 이직, 회사 업무, 자신의 경력 소개에 관한 어휘들과 관련 문장들은 기본적으로 외워두도록 하자.

跳槽 tiàocáo 이직하다

回答 1
我觉得人们跳槽除了自身的主观原因以外，也存在一些客观原因。其中最重要的一点就是工作压力大。工作压力大，就会影响工作积极性，就会容易产生辞职或跳槽的想法。同事之间相处得不够融洽也是人们选择跳槽的客观原因之一。除此之外，对现有的工作不感兴趣或者想以现有的工作为跳板跳到大公司的人也不少。

저는 사람들이 이직하는 것은 자신의 주관적인 이유 외에, 객관적인 원인도 존재한다고 생각합니다. 그 중 가장 중요한 점은 바로 업무 스트레스가 크다는 것입니다. 업무 스트레스가 크면 업무의 적극성에 영향을 주게 되고, 쉽게 사직이나 이직에 대한 생각이 듭니다. 동료 간의 사귐에서 잘 융화되지 못하는 것 역시 사람들이 이직을 선택하게 되는 객관적인 원인 중 하나입니다. 이 밖에, 현재의 업무에 흥미를 느끼지 못하거나 혹은 현재의 업무를 발판 삼아 대기업으로 이직하려는 사람 역시 적지 않습니다.

除了 chúle ~을 제외하고 | 自身 zìshēn 본인, 자신 | 主观 zhǔguān 주관적이다 | 存在 cúnzài 존재하다 | 客观 kèguān 객관적이다 | 其中 qízhōng 그 중 | 压力 yālì 스트레스 | 相处融洽 xiāngchǔróngqià 서로 사이 좋게 지내다 | 选择 xuǎnzé 선택하다 | 除此之外 chúcǐzhīwài 이것을 제외하고 | 感兴趣 gǎnxìngqù 흥미가 있다 | 跳板 tiàobǎn 도약판

回答 2
人们想跳槽主要有四大原因。第一，工作压力大。一般人的抗压能力是有限的，超过这个极限就会产生一系列的负面情绪。第二，同事之间的关系不好。常常背地里说坏话，或者有意孤立他人，这些都是跳槽的主要原因。第三，就对工作不感兴趣。最后一个原因就是想跳到大公司。对于这点我是可以理解的，俗话说"人往高处走，水往低处流"嘛。

사람들이 이직을 생각하는 주요 원인은 네 가지가 있습니다. 첫째, 업무 스트레스가 큰 것입니다. 일반적으로 사람들이 스트레스를 이겨내는 능력은 제한적입니다. 이 한계를 넘어서면 일련의 부정적인 감정을 초래할 수 있습니다. 둘째, 동료 간의 관계가 좋지 않은 것입니다. 자주 뒤에서 험담을 한다든지 고의로 다른 사람을 고립시키는 것들이 모두 이직의 주요 원인입니다. 셋째, 업무에 흥미를 느끼지 않는 것입니다. 마지막 원인은 바로 대기업으로 이직하고 싶어하는 것입니다. 이런 점은 저는 이해할 수 있습니다. 옛말에 "사람은 높은 곳으로 가고, 물은 낮은 곳으로 흐른다"고 하였으니까요.

抗压 kàngyā 스트레스에 저항하다 | 有限 yǒuxiàn 한계가 있다 | 极限 jíxiàn 한계 | 一系列 yíxìliè 일련의 | 负面 fùmiàn 부정적인 | 情绪 qíngxù 기분, 정서 | 背地里 bèidìlǐ 남 몰래, 뒤에서 | 坏话 huàihuà 험담 | 有意 yǒuyì 일부러 | 孤立 gūlì 고립시키다 | 理解 lǐjiě 이해하다 | 人往高处走，水往低处流 rén wǎng gāo chù zǒu, shuǐ wǎng dī chù liú 사람은 높은 곳을 향해 가고 물은 낮은 곳으로 흐른다

답변완성 TIP

● 对~感兴趣: ~에 흥미를 느끼다

예) 我对学汉语非常感兴趣。
나는 중국어를 배우는 것에 매우 흥미를 느낀다.

예) 你对什么很感兴趣?
당신은 무엇에 흥미를 느낍니까?

04 실전테스트 　第一部分 | 快速作答　그림을 보고 간단하게 답하기

问题 1

外边天气怎么样?
밖의 날씨는 어떻습니까?

해설　상태 묘사는 1부분에서 항상 출제되는 문제이다. 날씨, 사무실 환경묘사, 사람의 동작묘사와 관련된 단어는 반드시 파악하도록 하자.

回答1　**外边正在下雨，刮大风。**
밖에 비가 오고 바람이 많이 붑니다.

　　　下雨 xiàyǔ 비가 내리다 | 刮风 guāfēng 바람이 불다

回答2　**外边天气不太好，又刮风又下雨。**
밖의 날씨는 별로 좋지 않습니다. 바람도 불고 비도 옵니다.

　　　又~又 yòu~yòu ~하면서 ~하다.

답변완성 TIP

● 又~又~: ~하면서 ~하다

　기본어순: 주어 + 又 + 형용사 + 又 + 형용사

　예 **她是一个又能干又漂亮的人。**
　　그녀는 능력 있으면서도 예쁜 사람이다.

　예 **我今天身体有点儿不舒服，又发烧又头疼。**
　　나는 오늘 몸이 좀 안 좋다. 열도 나고 머리도 아프다.

04 실전테스트 | 第一部分 | 快速作答 그림을 보고 간단하게 답하기

问题 2

用这张卡能打几折?
이 카드를 사용하면 몇 퍼센트 할인이 됩니까?

해설 숫자와 관련된 시간, 돈, 날짜 등은 반드시 알아두자. 할인율을 표기할 때 중국어는 할인율을 제외한 구매시의 퍼센트를 표기하므로 주의하도록 하자.

用 yòng 사용하다 | 卡 kǎ 카드 | 打折 dǎzhé 할인하다

回答 1 **用这张卡能打九折。**
이 카드를 사용하면 10% 할인됩니다.

上 回答 2 **用这张卡随时都可以打九折。**
이 카드를 사용하면 언제든지 10% 할인됩니다.

随时 suíshí 언제나, 아무 때나

04 실전테스트　**第一部分 | 快速作答** 그림을 보고 간단하게 답하기　

问题 3

跟客户第一次见面时，要准备什么？
고객과 처음 만날 때, 무엇을 준비해야 합니까?

해설　대상을 묘사하는 문제는 어휘를 모르면 절대 답변 할 수 없다. BCT 시험이니만큼 회사, 비즈니스와 관련된 어휘는 반드시 파악하여 1부분에서부터 대답을 못하는 상황은 피하도록 하자.

客户 kèhù 고객

回答 1　跟客户第一次见面时，要准备名片。
고객과 처음 만날 때, 명함을 준비해야 합니다.

准备 zhǔnbèi 준비하다 | 名片 míngpiàn 명함

回答 2　跟客户第一次见面时，必须得准备好自己的名片。
고객과 처음 만날 때, 반드시 본인의 명함을 준비해야 합니다.

必须 bìxū 반드시 | 得 děi ~해야 한다 | 自己 zìjǐ 자기, 자신

第一部分 | 快速作答 그림을 보고 간단하게 답하기

问题 4

你唱歌唱得怎么样?
당신은 노래 부르는 것이 어떻습니까?

해설 문제에 맞춰 노래를 잘 부르는지, 못 부르는지 간단하게 답변해도 좋고, 말의 속도가 조금 빠른 사람이라면 보충 설명을 덧붙여 답변하도록 하자.

唱歌 chànggē 노래 부르다

回答1 我唱歌唱得还行吧。我跟同事们去唱歌，他们都说我唱得很好听。
저는 노래를 괜찮게 부릅니다. 저와 동료들이랑 노래를 부르면 가면 그들은 모두 제가 노래를 잘 부른다고 이야기 합니다.

回答2 我唱歌不好听，五音不全。我觉得唱歌是一件很丢脸的事情。
저는 노래를 잘 못 부르며 음치입니다. 저는 노래를 하는 것이 매우 창피한 일이라고 생각합니다.

五音不全 wǔyīnbùquán 음치이다 | 丢脸 diūliǎn 창피하다, 체면을 잃다

 실전테스트　**第二部分** | **简短作答** 질문에 간단하게 답하기　

问题 5

你有什么爱好?
당신은 어떤 취미가 있습니까?

해설　설령 취미가 없다고 하더라도 독서, 영화보기처럼 간단한 것을 예로 들어 자신의 취미를 설명하자. 또한 그러한 취미활동을 통해 어떤 점이 개선됐는지를 설명하면 고득점을 받을 수 있다.

回答1　我的兴趣爱好很广泛，什么都喜欢。我以前练过瑜伽，跳过芭蕾，还学过钢琴。但坚持的时间都不长，我觉得这和我的性格中缺乏长性有关。
저는 취미가 많아서 무엇이든 좋아합니다. 예전에 저는 요가와 발레를 해봤고, 피아노도 배워 봤습니다. 그러나 지속한 시간이 모두 길지 않은데, 이는 저의 성격 중 인내심이 부족한 것과 관련이 있다고 생각합니다.

兴趣 xìngqù 흥미, 관심 | **广泛** guǎngfàn 광범위하다 | **练瑜伽** liànyújiā 요가하다 | **跳芭蕾** tiàobālěi 발레하다 | **钢琴** gāngqín 피아노 | **坚持** jiānchí 유지하다 | **性格** xìnggé 성격 | **缺乏** quēfá 부족하다 | **长性** chángxìng 인내심, 참을성 | **有关** yǒuguān 연관 있다

　回答2　我平时工作很忙，所以投入在兴趣爱好上的时间并不多。不过最近我迷上了打壁球。我发现这是一个减压的好方法，每次都能出一身汗，感觉特别舒服。
저는 평소에 일이 바빠서 취미 활동에 할애할 시간이 많지 않습니다. 그러나 요즘 스쿼시에 흥미가 생겼습니다. 저는 이것이 스트레스 해소에 좋은 방법인 것을 알게 되었는데, 매번 땀을 흠뻑 흘릴 수 있어서 기분이 아주 상쾌합니다.

投入 tóurù 몰두하다, 정신을 집중하다 | **并** bìng 결코 | **不过** búguò 그러나 | **迷** mí 빠지다, 심취하다 | **打壁球** dǎbìqiú 스쿼시하다 | **发现** fāxiàn 발견하다 | **减压** jiǎnyā 스트레스를 해소하다 | **方法** fāngfǎ 방법 | **出汗** chūhàn 땀이 나다 | **一身** yìshēn 온몸, 전신 | **舒服** shūfu 편안하다

| 04 실전테스트 | 第二部分 | 简短作答 질문에 간단하게 답하기 |  MP3 04-6

问题 6

你怎么缓解压力?
당신은 어떻게 스트레스를 해소합니까?

해설 각자의 다양한 스트레스 해소 방법에 대해 이야기 해보자. 또한 그러한 방법이 어떻게 도움이 되는지에 대해서도 언급하여 답변을 마무리 하도록 하자.

缓解 huǎnjiě 완화시키다 | 压力 yālì 스트레스

回答1 我压力大的时候，就特别想吃甜的东西。比如说巧克力、焦糖玛奇朵咖啡，或者来一杯热可可。只要一吃甜食，我就会有种幸福感。

저는 스트레스가 클 때, 단 것이 특히 먹고 싶습니다. 예를 들면 초콜릿이나 캐러멜 마키아또 커피 혹은 핫초코 같은 것들 입니다. 단 것을 먹으면 저는 행복해 집니다.

比如 bǐrú 예를 들면 | 巧克力 qiǎokèlì 초컬릿 | 焦糖玛奇朵咖啡 jiāotángmǎqíduǒkāfēi 캐러멜 마키아또 커피 | 可可 kěkě 코코아 | 只要 zhǐyào ~하기만 하면 | 甜食 tiánshí 단맛의 식품 | 感到 gǎndào 느끼다 | 幸福感 xìngfúgǎn 행복감

 回答2 我特别喜欢唱歌，高兴的时候唱歌，难过的时候也唱歌。我觉得唱歌是一种很好的解压方法，把所有开心的、不开心的事儿都融入到歌词里唱出来，就会觉得心情好了很多。

저는 노래 부르는 것을 좋아합니다. 기쁠 때도 노래를 부르고, 슬플 때도 노래를 부릅니다. 노래는 스트레스 해소에 아주 좋은 방법이라고 생각합니다. 즐겁고 슬픈 일을 모두 노래 가사로 풀어내 노래를 부르면 기분이 아주 좋아집니다.

唱歌 chànggē 노래 부르다 | 高兴 gāoxìng 기쁘다 | 难过 nánguò 괴롭다 | 解压 jiěyā 스트레스를 해소하다 | 开心 kāixīn 즐겁다 | 融入 róngrù 융합되다, 녹아 들다 | 歌词 gēcí 가사 | 心情 xīnqíng 기분

问题 7

你们公司有哪些部门?
당신 회사에 어떤 부서들이 있습니까?

해설 모든 부서들을 다 말할 필요는 없다. 주요 부서들만 간단히 이야기해도 좋고, 회사의 규모가 작아 부서가 세분화 되어있지 않다면 전반적인 회사의 시스템으로 답변해도 좋다.

部门 bùmén 부서, 팀

回答 1
我们公司很大，有些部门我都没去过。所以不太清楚具体有哪些部门，但我常联系的部门有战略营销部、财务部、人事管理部等等。

저희 회사는 커서 제가 가보지 않은 부서도 있습니다. 그래서 구체적으로 어떤 부서가 있는지 정확히 모르지만 제가 자주 연락하는 부서로는 전략 마케팅팀, 재무팀, 인사 관리팀 등이 있습니다.

清楚 qīngchu 정확하다 | 具体 jùtǐ 구체적이다 | 联系 liánxì 연락하다 | 战略营销部 zhànlüèyíngxiāobù 전략 마케팅팀 | 财务部 cáiwùbù 재무팀 | 人事管理部 rénshìguǎnlǐbù 인사 관리팀

上 回答 2
我们公司一共只有八个员工，根本谈不上有哪些部门。整个公司的运作除了老板有最终决定权以外，其他事情都是由我们互相配合来处理的。

저희 회사에는 총 8명의 직원만 있어, 어떤 부서가 있는지 말할 것도 없습니다. 전체 회사의 운영이 사장님께 최종 결정권이 있는 것을 제외하고, 기타 업무는 모두 우리가 서로 협력하여 처리합니다.

员工 yuángōng 직원 | 根本 gēnběn 전혀 | 谈不上 tánbushàng ~라고 말할 수 없다 | 整个 zhěngge 전체 | 运作 yùnzuò 운영하다 | 除了 chúle ~을 제외하고 | 老板 lǎobǎn 사장 | 最终 zuìzhōng 최종 | 决定权 juédìngquán 결정권 | 以外 yǐwài 이외 | 其他 qítā 기타, 다른 | 互相 hùxiāng 서로 | 配合 pèihé 협력하다, 협동하다 | 处理 chǔlǐ 처리하다

04 실전테스트 | 第二部分 | 简短作答 질문에 간단하게 답하기

问题 8

你写过日记吗？写日记有什么好处?
당신은 일기를 써 본 적이 있나요? 일기를 쓰는 것은 어떤 좋은 점이 있나요?

해설 2부분에서는 비즈니스 관련 문제도 출제되지만 응시자의 개인 상황과 그에 따른 견해를 물어보는 문제도 출제된다. 질문에 일기를 쓰는 것에 대한 장점도 같이 묻고 있으므로 설령 일기를 쓰지 않는다고 해도 '바빠서 일기를 쓰지는 않지만 일기를 쓰는 것은 어떠한 장점이 있다' 정도는 언급하도록 하자.

好处 hǎochù 좋은 점, 장점

回答 1 小时候，我写过日记。虽然写日记能帮我记住都做过了什么，但是长大以后的我变得很马虎，常常想不起写日记。加上最近很忙，根本没有时间写日记。

어렸을 때 저는 일기를 썼습니다. 비록 일기를 쓰는 것이 무엇을 했었는지를 기억하는데 도움이 되지만 크고 난 이후에 저는 덤벙거리게 되어 일기 쓰는 것을 종종 생각하지 못합니다. 게다가 최근 너무 바빠서 일기를 쓸 시간이 아예 없습니다.

写日记 xiěrìjì 일기 쓰다 | 记住 jìzhù 기억하다 | 马虎 mǎhu 덤벙대다 | 想不起 xiǎngbùqǐ 기억이 나지 않다

回答 2 (上) 我天天写日记。我是一个记忆力非常差的人，所以把每天发生的事情记下来。这有助于让我珍藏那些美好的回忆。当我翻开日记的时候，感觉好像往日就会重现。

저는 매일 일기를 씁니다. 저는 기억력이 너무 떨어지는 사람이어서 매일 발생한 일들을 기록해 둡니다. 이것은 저로 하여금 아름다운 추억을 소중히 간직할 수 있게 만들어 줍니다. 저는 일기를 펼 때마다 지난 간 일들이 다시 나타나는 느낌이 듭니다.

记忆力 jìyìlì 기억력 | 珍藏 zhēncáng 소중히 간직하다 | 回忆 huíyì 회상하다, 추억하다 | 翻开 fānkāi 펼치다 | 往日 wǎngrì 예전 일 | 重现 chóngxiàn 다시 나타나다

 **실전테스트** 第三部分 | 情景模拟 주어진 상황에 맞게 말하기

问题 9

你让下属去机场接可来公司总经理王东，请你向下属部署一下有关工作。

당신은 부하 직원에게 공항으로 가서 커라이 회사의 사장인 왕동을 마중하라고 지시합니다. 부하 직원에게 관련 업무를 알려주세요.

해설 고객 마중 업무로는 호텔 예약, 마중 나가는 시간, 일정 확인 등을 들 수 있다. 당부 해야 할 사항을 답변 준비 시간 동안 떠올려 관련 업무 2, 3개 정도는 말할 수 있도록 하자.

下属 xiàshǔ 부하직원 | 接 jiē 마중하다 | 总经理 zǒngjīnglǐ 사장 | 部署 bùshǔ 배치하다, 안배하다

回答 1 小李，明天可来公司的王总要来咱们公司。所以下午你先去咱们公司旁边的宾馆预订一间标准间，然后明天早上八点去机场接一下王总。哦，对了，王总不太会说汉语，你最好带个翻译同行。

샤오리, 내일 커라이 회사의 왕 사장님이 우리 회사로 옵니다. 그러니 오후에 먼저 우리 회사 옆에 있는 호텔에 가서 일반룸을 예약한 뒤, 내일 아침 8시에 공항으로 가서 왕 사장님을 마중해 주세요. 아 맞다, 왕 사장님은 중국어를 잘하지 못하시니, 내일 통역을 함께 데려가는 게 좋을 거예요.

宾馆 bīnguǎn 호텔 | 预订 yùdìng 예약하다 | 标准间 biāozhǔnjiān 일반룸 | 然后 ránhòu 그 다음 | 带 dài 데려가다 | 翻译 fānyì 통역 | 同行 tóngxíng 동행하다

回答 2 小李，明天可来公司的王总要来咱们公司，由你负责接待。他是咱们公司的重要合作伙伴，接待工作绝对不能马虎，明天你就开我的车去接他吧。哦，对了，今天下午别忘了帮他订一间房。关于王总的行程，你出去的时候问一下秘书吧。

샤오리, 내일 커라이 회사의 왕사장님이 우리 회사에 오십니다. 당신이 책임지고 접대해주세요. 왕사장님은 우리 회사의 중요한 파트너이니까 접대 하는데 있어서 절대 소홀해서는 안됩니다. 내일 제 차를 운전해서 마중을 가세요. 아 참, 오늘 오후에 방을 예약하는 것도 잊지 마세요. 왕사장님의 일정에 대해서는 나갈 때 비서에게 물어보세요.

负责 fùzé 책임지다 | 接待 jiēdài 마중하다, 접대하다 | 合作 hézuò 합작하다 | 伙伴 huǒbàn 파트너 | 绝对 juéduì 절대로 | 马虎 mǎhu 대충대충 하다 | 订 dìng 예약하다 | 关于 guānyú ~에 관하여 | 行程 xíngchéng 일정 | 秘书 mìshū 비서

답변완성 TIP

● 会:

1. (배워서) ~할 수 있다
   예) 我**会**开车。
   나는 운전을 할 줄 안다.

   예) 我**会**说一点儿的汉语。
   나는 중국어를 조금 할 수 있다.

2. ~에 능하다
   예) 她很**会**说话。
   그녀는 말을 매우 잘한다.

3. ~일 것이다(추측)
   예) 明天**会**下大雨。
   내일 비가 많이 올 것이다.

   예) 只要努力，你的梦想一定**会**实现。
   노력하기만 하면, 당신의 꿈은 반드시 실현될 것이다.

04 실전테스트　第三部分 | 情景模拟　주어진 상황에 맞게 말하기

问题 10

和你最好的同事平时工作表现突出，在这次人事调动中升了职。请你向他表示祝贺。

당신과 가장 친한 동료는 평소 업무 능력이 뛰어나 이번 인사발령에서 승진하였습니다. 그에게 축하인사를 건네보세요.

해설　축하인사, 축배사, 개막식 인사 등 다양한 인사방법들이 시험에 출제된다. 단순한 축하한다는 말보다는 동료의 평소 업무 능력 칭찬, 축하 회식 등을 덧붙여 답변을 마무리 하도록 하자.

表现 biǎoxiàn 태도 | 突出 tūchū 돋보이다, 두드러지다 | 人事调动 rénshìdiàodòng 인사이동 | 升职 shēngzhí 승진하다 | 表示 biǎoshì 나타내다 | 祝贺 zhùhè 축하하다

回答 1　小王，衷心祝贺你升职了。看你平时那么努力，我早就猜到你会升职。我真为你感到骄傲，不愧是我的好同事。这么好的事情，当然得好好儿庆祝一下，今晚我请你吃大餐，怎么样？

샤오왕, 진심으로 승진 축하해. 평소에 그렇게 열심히 하더니, 나는 네가 승진할 줄 알았어. 나는 정말 네가 자랑스럽고, 역시 내 친한 동료로 손색이 없어. 이렇게 좋은 일은 당연히 축하해야지, 오늘 저녁에 내가 크게 한턱 낼게, 어때?

衷心 zhōngxīn 진심으로 | 早就 zǎojiù 일찍이, 진작 | 猜 cāi 추측하다 | 骄傲 jiāo'ào 자랑스럽다 | 不愧 búkuì ~에 부끄럽지 않다, 손색이 없다 | 庆祝 qìngzhù 축하하다

上 回答 2　小王，我刚看到这次的人事任免公告，恭喜恭喜呀！看到你升职，我真替你高兴。看来我得再加一把劲儿了！这回咱们得好好庆祝庆祝，今晚八点老地方不见不散。

샤오왕! 이번 인사이동 공고를 지금 막 봤어! 축하해! 자네가 승진한걸 보니까 내가 더 기뻐! 보아하니 내가 더 노력해야겠어. 이번 일은 꼭 축하해야 할 것 같아. 오늘 저녁 8시에 늘 보던 곳에서 보자고, 꼭 만나.

任免 rènmiǎn 임명하다 | 公告 gōnggào 광고 | 恭喜 gōngxǐ 축하하다 | 替 tì 대신하다 | 看来 kànlái 보아하니 | 加劲儿 jiājìn 힘을 더 내다, 노력하다 | 老地方 lǎodìfang 늘 만나는 곳 | 不见不散 bújiàn búsàn 만날 때까지 기다리다

답변완성 TIP

- **不愧**: ~로 손색이 없다, ~라고 할 만하다
  - 예) 他的行为**不愧**英雄的称号，而且更是时代的楷模。
    그의 행동은 영웅의 호칭에 손색이 없으며, 이 시대의 모범이라고도 할 수 있다.
  - 예) 他**不愧**为世界上最伟大的父亲。
    그는 세상에서 가장 위대한 아버지라고 할 만하다.
  - 예) 只有把自己所有的知识都传授给学生，才**不愧**为一名真正的教师。
    자신의 모든 지식을 학생에게 가르쳐야만 진정한 교사라고 할 만하다.

04 실전테스트 | 第三部分 | 情景模拟 주어진 상황에 맞게 말하기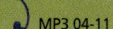

问题 11

你是一名秘书。合作公司的王经理来电想与你的经理通话，但你的经理正在开会。请你向王经理说明一下并请他谅解。

당신은 비서입니다. 합작 회사의 왕 사장님이 전화를 걸어와 당신의 사장님과 통화를 하고 싶어하지만, 당신의 사장님은 회의 중입니다. 왕 사장님에게 상황을 설명하고, 그에게 양해를 구해 보세요.

해설 사장님이 어떠한 일로 인해 전화를 받지 못하는지 상황을 먼저 설명하고 전달사항, 전화한 목적 등을 물은 뒤 양해를 구하는 멘트로 답변을 마무리 하자.

秘书 mìshū 비서 | 合作 hézuò 협력하다 | 谅解 liàngjiě 용서하다

回答 1
您好，王总。首先我要请您谅解一下，我们经理正在会议室开会，现在不方便接听您的电话。如果您有急事的话，我马上为您转达，如果不急的话，会议结束后我转告经理给您回电话。

안녕하세요, 왕 사장님. 먼저 양해 부탁 드립니다. 저희 사장님이 회의실에서 회의 중이셔서, 전화 받기가 곤란하십니다. 만약 급한 일이 있으시면 제가 바로 전달해 드리고, 만약 급하지 않으시면 회의가 끝난 후 사장님께서 다시 전화를 드리도록 전달해 드리겠습니다.

首先 shǒuxiān 먼저 | 方便 fāngbiàn 편리하다 | 转达 zhuǎndá 전달하다 | 回电话 huí diànhuà 회신전화를 하다

回答 2
您好，王总。真不好意思，我们经理正在开会，所以现在不方便接听您的电话，还请您谅解。您找经理有什么事吗？方便的话我可以帮您转达。

안녕하세요. 왕사장님. 정말 죄송합니다. 대표님께서 지금 회의 중이시라 전화를 받으시기가 곤란합니다. 양해 부탁드릴게요. 무슨 일이 있으신지요? 괜찮으시면 제가 전달해 드리겠습니다.

답변완성 TIP

- **可以**: ~할 수 있다(가능 혹은 능력), ~해도 된다(허가)

  예) 那些青菜你都可以吃吗? (가능 혹은 능력)
  당신은 저 채소들을 모두 먹을 수 있나요?

  예) 我可以尝尝吗? (가능 혹은 능력)
  제가 맛을 봐도 될까요?

  예) 上课的时候，不可以通电话。(허가)
  수업 할 때 통화해서는 안 된다.

  예) 这些药不可以乱吃。(허가)
  이 약들은 함부로 먹어서는 안 된다.

04 실전테스트 | 第四部分 | 意见表述 의견 말하기

问题 12

你认为交通发达给人类带来了哪些好处?
당신은 교통 발전이 사람들에게 어떠한 장점을 가져다 주었다고 생각합니까?

해설 교통 발전, 인터넷 발전이 사람들에게 가져다 준 장단점은 4부분에서도 가장 기본적으로 출제되는 문제이다. 교통 발전의 장점으로는 문화교류, 시간 절약, 사람과 사람 사이의 거리를 가깝게 만들어 준 것 등을 들 수 있다. 하나의 장점만을 들어서 답변을 마무리 하기 보다는 2, 3개 정도 언급하고 부연 설명을 덧붙여 답변을 마무리 하는 것이 고득점을 얻는 방법이다.

交通 jiāotōng 교통 | **发达** fādá 발달하다 | **人类** rénlèi 인류 | **好处** hǎochù 장점

回答1 从前想出国简直比登天还难，但现在出国就像出门坐出租车一样，买张机票就能去。这说明交通发达不仅促进了国与国之间的文化交流，更拉进了人与人之间的距离。

이전에는 출국하는 것이 그야말로 하늘에 올라가는 것보다 더욱 어려웠지만, 지금은 출국이 마치 집을 나서 택시를 타는 것처럼 비행기표만 사면 갈 수 있습니다. 이것은 교통의 발전이 나라와 나라 사이의 문화 교류를 촉진시켰을 뿐만 아니라 사람과 사람 사이의 거리를 더욱 가깝게 만들었다는 것을 말합니다.

从前 cóngqián 이전, 예전 | **简直** jiǎnzhí 그야말로, 정말로 | **登天** dēngtiān 하늘에 오르다 | **出租车** chūzūchē 택시 | **机票** jīpiào 비행기표 | **说明** shuōmíng 설명하다 | **不仅** bùjǐn ~일 뿐만 아니라 | **促进** cùjìn 촉진시키다 | **之间** zhījiān 사이 | **拉进** lājìn 가까이 끌어당기다 | **距离** jùlí 거리

上 回答2 我认为交通发达缩短了人们的出行时间，比如以前从北京到上海坐特快至少要十二个小时，现在坐动车只需四个小时就能到，既省时又方便。

저는 교통발전이 사람들의 외출 시간을 줄여주었다고 생각합니다. 예를 들면 예전에 베이징에서 상하이까지 특급 열차를 타면 최소 12시간 걸렸는데, 지금은 고속열차를 타면 4시간이면 바로 도착하여 시간을 절약할 수 있으면서 편리합니다.

缩短 suōduǎn 단축하다, 줄이다 | **特快** tèkuài 특급열차 | **至少** zhìshǎo 최소한 | **动车** dòngchē 고속열차 | **既~又~** jì~yòu~ ~이기도 하고 ~이기도 하다 | **省时** shěngshí 시간을 아끼다

답변완성 TIP

● **像~一样**: ~와 같이, ~처럼

예 你应该有**像**小草**一样**不屈不挠的精神。
너는 잡초와 같은 불굴의 정신이 있어야 한다.

예 写博客就**像**写日记**一样**，记录你的一天就可以。
블로그를 하는 것은 일기를 쓰는 것처럼 당신의 하루를 기록하면 된다.

예 她的笑容**像**花**一样**美。
그녀의 웃음 띤 얼굴은 꽃처럼 아름답다.

예 做泡菜汤就**像**煎鸡蛋**一样**容易。
김치찌개를 만드는 것은 계란후라이를 하는 것처럼 쉽다.

04 실전테스트 | 第四部分 | 意见表述 의견 말하기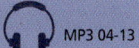

问题 13

有一份工作工资很高，但工作量比较大，几乎天天都加班；还有一份工作工资不高，工作量也不大，还可以准时下班。你会选择哪份工作？为什么？

어떤 일은 급여가 높지만 업무량이 비교적 많아 거의 매일 야근을 해야 합니다. 또 어떤 일은 급여가 높지 않지만 업무량이 많지 않고 제때에 퇴근할 수 있습니다. 당신은 어떤 일을 선택하겠습니까? 이유는 무엇입니까?

해설 회사의 업무량이 많은 일을 선택하는 사람은 일에 대한 도전, 자신의 업무 능력 향상 등의 측면에서, 업무량이 많지 않은 일을 선택하는 사람은 금전보다는 자신의 행복을 추구하는 측면에서 답변을 하면 된다. 반드시 그렇게 생각하는 이유를 언급하여 답변을 마무리하도록 하자.

份 fèn 일자리를 세는 단위 | 工资 gōngzī 월급 | 工作量 gōngzuòliàng 업무량 | 几乎 jīhū 거의

回答1 我会选择工资比较高的工作。我个人认为人生就应该充满挑战，这样生活才有意义。而且趁年轻，就应该多工作，多赚钱，这样老了以后才能骄傲地对孩子们说："你们的爸爸这辈子没白活。"

저는 급여가 비교적 높은 일을 선택할 것입니다. 저는 개인적으로 인생은 도전으로 가득해야 하며, 이렇게 살아야지만 의미가 있다고 생각합니다. 게다가 젊었을 때 많이 일하고 많이 벌어야, 나이가 들어 자랑스럽게 아이들에게 "너희 아빠는 한평생 헛되이 살지 않았어"라고 말할 수 있습니다.

选择 xuǎnzé 선택하다 | 充满 chōngmǎn 충만하다 | 挑战 tiǎozhàn 도전 | 意义 yìyì 의의, 의미 | 趁 chèn ~을 틈타, (시간, 기회를) 이용하여 | 年轻 niánqīng 젊다 | 赚钱 zuànqián 돈을 벌다 | 骄傲 jiāo'ào 자랑스럽다, 스스로 자부심을 느끼다 | 辈子 bèizi 한평생, 일생 | 白活 bái huó 헛되이 삶을 살다

上 回答2 我会选择相对轻松一点儿的工作。我认为钱是生不带来，死不带去的。我不愿意为了多赚点儿钱，把我的时间都花在工作上。很多时候开心和幸福是和金钱无关的。比如说家人的健康，孩子的笑容等等。

저는 상대적으로 부담이 없는 직업을 선택하겠습니다. 저는 돈이란 태어날 때 가지고 오는 것도, 죽을 때 가져가는 것도 아니라고 생각합니다. 저는 돈을 많이 벌기 위해서 저의 시간을 모두 업무에 들이는 것을 원치 않습니다. 즐거움과 행복은 금전과 무관할 때가 많습니다. 예를 들어 가족의 건강, 아이의 웃음 띤 얼굴 등입니다.

相对 xiāngduì 비교적, 상대적으로 | 轻松 qīngsōng 수월하다, 가볍다 | 开心 kāixīn 즐겁다 | 幸福 xìngfú 행복하다 | 金钱 jīnqián 금전, 돈 | 无关 wúguān 무관하다 | 笑容 xiàoróng 미소

답변완성 TIP

● **趁**: ~을 틈타, 이용하여

- 예 请**趁**热吃。
  뜨거울 때 드세요.

- 예 **趁**他还没来，我先告诉你。
  그가 아직 안 온 틈을 타서 내가 너에게 먼저 알려 줄게.

- 예 你**趁**着这个机会，就好好学汉语吧。
  이 기회를 틈타서 중국어를 잘 배우세요.

- 예 做任何事都应该**趁**热打铁。
  어떤 일을 하든 모두 유리한 시기를 포착하여 신속히 일을 마쳐야 한다.

04 실전테스트 | 第四部分 | 意见表述 의견 말하기

问题 14

知识型人才指的是具备一定知识，并利用知识和信息为组织创造价值的人。最近不少企业认为培养知识型人才是企业生存发展的重中之重。你觉得呢？

지식형 인재는 일정 지식을 구비하고, 지식과 정보를 이용하여 조직을 위해 가치를 만들어 내는 사람을 가리킵니다. 최근 많은 기업들은 지식형 인재를 양성하는 것이 기업의 생존과 발전에 있어 가장 중요한 것이라고 생각합니다. 당신의 생각은 어떻습니까?

해설 지식형 인재는 현재 중국에서 기업의 인재 관리 측면에서 자주 거론되는 어휘 중 하나로 지식형 인재가 기업의 생존과 발전에 어떠한 가치와 영향을 주는지에 대해 반드시 알고 있어야 한다. 지식형 인재와 관련된 어휘는 따로 정리해두고 모범답변은 암기해두어 실제 시험에서 당황하지 않도록 하자.

知识型人才 zhīshixíngréncái 지식형 인재 | 指 zhǐ 가르키다 | 利用 lìyòng 이용하다 | 信息 xìnxī 정보 | 组织 zǔzhī 조직하다 | 创造 chuàngzào 창조하다, 만들다 | 价值 jiàzhí 가치 | 培养 péiyǎng 양성하다 | 生存 shēngcún 생존 | 重中之重 zhòngzhōngzhīzhòng 가장 중요하다

回答1 我认为知识型人才并不是单纯地学习了很多知识的人，而是懂得通过知识进行创新的人。而这种人正是处于日新月异的时代中的企业必不可少的人才。因此，我觉得培养知识型人才正是促进企业发展的不二法门。

저는 지식형 인재가 단순하게 많은 지식을 배운 사람이 아닌 지식을 통해 혁신을 할 줄 아는 사람이라고 생각합니다. 그리고 이러한 사람이 바로 나날이 새로워지는 시대에 있는 기업에게 반드시 없어서는 안 될 인재입니다. 따라서 저는 지식형 인재를 양성하는 것이 바로 기업 발전을 촉진시키는 유일무이한 방법이라고 생각합니다.

单纯 dānchún 단순히 | 懂得 dǒngde 알다, 이해하다 | 通过 tōngguò ~을 통하여 | 创新 chuàngxīn 혁신하다 | 处于 chǔyú ~에 처하다, 놓이다 | 日新月异 rìxīnyuèyì 변화와 발전이 빠르다 | 时代 shídài 시대 | 必不可少的 bìbùkěshǎode 없어서는 안 되다 | 不二法门 bú'èr fǎmén 유일무이한 방법

上 回答2 随着经济的发展，企业正面临着要不断地推陈出新的竞争环境。企业要保持可持续发展，关键是要找到创新的方法。而知识的创新与运用最终都要靠知识型人才来实现。所以我认为没有比培养知识型人才更重要的事了。

경제 발전에 따라 기업들은 끊임없이 새로운 것을 내놓아야 하는 경쟁적인 환경에 직면해 있습니다. 기업이 지속적인 발전을 유지하는 관건은 혁신의 방법을 찾는 것입니다. 그리고 지식의 혁신과 응용은 결국 지식형 인재에 의지하여 실현될 수 있습니다. 그래서 저는 지식형 인재를 양성하는 것보다 더 중요한 일은 없다고 생각합니다.

随着 suízhe ~에 따라 | 经济 jīngjì 경제 | 面临 miànlín 직면하다 | 不断 búduàn 끊임없이 | 推陈出新 tuīchénchūxīn 찌꺼기는 버리고 알맹이만 취하여 새로운 방향으로 발전시키다 | 竞争 jìngzhēng 경쟁하다 | 环境 huánjìng 환경 | 保持 bǎochí 유지하다 | 可持续发展 kěchíxùfāzhǎn 지속 가능한 발전 | 关键 guānjiàn 관건 | 运用 yùnyòng 운용하다 | 靠 kào 기대다

답변완성 TIP

- **并**: 결코, 전혀

  예 我**并**不是批评你，而是要劝告你。
  나는 결코 너를 혼내려고 하는 것이 아니라 너에게 충고하려는 것이다.

  예 这**并**不是简单的问题，必须得跟有关负责人商量商量。
  이것은 결코 간단한 문제가 아니기에, 반드시 관련 책임자와 상의해야 한다.

04 실전테스트 | 第五部分 | 看图描述 그림을 보고 이야기 만들기

问题 15

你是一家公司的部长。最近你接到一个新产品开发项目。请你根据图片说说项目运作流程。

당신은 한 회사의 팀장입니다. 최근 당신은 신제품 개발 프로젝트를 맡았습니다. 그림에 근거하여 프로젝트 운영 과정을 설명해 보세요.

해설 5부분은 4장의 그림이 순서대로 자연스럽게 이어져 하나의 이야기를 만들어야 한다. 4장의 그림을 하나의 완성된 이야기로 만들기 위해서는 접속사를 잘 사용해야 하며 중간에 휴지(休止)가 없어야 한다. 답변 준비 시간 동안 핵심 어휘를 먼저 떠올린 뒤, 어떠한 접속사를 사용해서 문장을 이어가야겠다라는 전반적인 흐름을 만들어 두자. 5부분이 점수에 가장 큰 영향을 미치는 만큼 포기 하지 않는 것이 가장 중요하다.

部长 bùzhǎng 부장 | 接到 jiēdào 받다, 인수하다 | 产品 chǎnpǐn 상품 | 开发 kāifā 개발하다 | 项目 xiàngmù 프로젝트 | 运作 yùnzuò 운용하다 | 流程 liúchéng 과정

回答 1

公司要研发新产品，而开发这个新产品的项目就由我来负责。我认为要想把这个新产品成功推向市场，首先得做好上市前的各项准备工作，其中最重要的就是市场调查和产品技术分析。只有做好充分的市场调查，才能制定出完美的销售方案。也只有做好技术分析，才能顺利地通过样品检验。最后，通过新产品发布会将新产品公之于众就算是成功上市了。

회사는 신제품을 연구 개발하기로 하였고, 이 신제품 개발 프로젝트는 제가 담당하게 되었습니다. 저는 이 신제품을 성공적으로 시장에 선보이려면 먼저 출시하기 전 각종 준비 작업을 잘해야 하는데, 그 중 가장 중요한 것은 바로 시장 조사와 제품 기술 분석이라고 생각합니다. 시장 조사를 충분히 해야만 완벽한 판매 방안을 확정할 수 있고, 기술 분석을 잘해야지만 순조롭게 샘플 테스트를 통과할 수 있습니다. 마지막으로 신제품 발표회를 통해 신제품을 대중에게 선보이면 성공적으로 출시되었다고 할 수 있습니다.

研发 yánfā 연구 개발하다 | 而 ér 그리고 | 推向 tuīxiàng ~에 내놓다, 선보이다 | 上市 shàngshì 출시하다 | 各项 gèxiàng 각 항목 | 调查 diàochá 조사하다 | 充分 chōngfèn 충분하다 | 制定 zhìdìng 세우다 | 完美 wánměi 완벽하다 | 销售 xiāoshòu 판매하다 | 方案 fāng'àn 방안, 대책 | 技术 jìshù 기술 | 分析 fēnxī 분석하다 | 顺利 shùnlì 순조롭다 | 样品 yàngpǐn 샘플 | 检验 jiǎnyàn 테스트 | 发布会 fābùhuì 발표회 | 将 jiāng ~을, ~를 | 公之于众 gōngzhīyúzhòng 대중에게 공개하다 | 算是 suànshì ~한 셈 치다

回答 2

公司最近让我负责新产品的开发项目。这个项目对我来说非常重要，所以绝对不能马虎。首先，要做一份详细的市场调查，为开发出消费者满意的新产品打下基础。第二，根据市场调查结果以及技术分析结果，制定新产品的宣传方案和销售方案。第三，在制定新产品销售方案的同时，还要进行新产品样品检验，这两项中有任何一项出了问题都会对新产品上市造成影响。最后，将新产品公之于众就算是圆满完成了。

회사는 최근 저에게 신제품 개발 프로젝트를 맡겼습니다. 이 프로젝트는 저에게 있어 매우 중요한 것으로 절대로 대충해서는 안 됩니다. 먼저 상세한 시장 조사를 해야 하는데, 소비자가 만족하는 신제품을 개발하기 위해 기초를 다지는 것입니다. 두 번째는 시장 조사 결과 및 기술 분석 결과에 근거하여 신제품 홍보 방안 및 판매 방안을 확정합니다. 세 번째는 신제품 판매 방안을 확정함과 동시에, 신제품의 샘플 테스트를 진행해야 합니다. 이 두 항목 중 어느 한 항목에서라도 문제가 발생한다면 신제품 출시에 영향을 미치게 됩니다. 마지막으로 신제품을 대중에게 선보이면 원만하게 완성되었다고 할 수 있습니다.

绝对 juéduì 절대로 | 马虎 mǎhu 소홀히 하다 | 首先 shǒuxiān 먼저 | 详细 xiángxì 상세하다 | 消费者 xiāofèizhě 소비자 | 打下基础 dǎxiàjīchǔ 기초를 다지다 | 以及 yǐjí 및 | 宣传 xuānchuán 홍보하다 | 销售 xiāoshòu 판매하다 | 造成 zàochéng 야기하다 | 圆满 yuánmǎn 원만하다

답변완성 TIP

- 把자문 : 주어 + 把 + 목적어 + 술어 + 기타성분
  - 예) 请你把你的名字写在这儿。
    당신의 이름을 여기에 쓰세요.
  - 예) 我想把这份报告书还给你。
    저는 이 보고서를 당신에게 돌려주고 싶어요.

05 실전테스트  第一部分 | 快速作答 그림을 보고 간단하게 답하기

问题 1

她的主要业务是什么?
그녀의 주요 업무는 무엇입니까?

해설 '판매하다'를 중국어로 '**卖**', '**销售**', '**营销**'로 표현할 수 있는데 BCT 시험에서는 '**销售**'를 많이 사용한다.

回答1 **她负责销售产品。**
그녀는 상품 판매를 맡고 있습니다.

负责 fùzé 책임지다 | 销售 xiāoshòu 판매하다 | 产品 chǎnpǐn 상품

回答2 **销售产品是她的主要业务。**
상품 판매는 그녀의 주요 업무입니다.

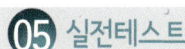

问题 2

他上下班时做什么？
그는 출퇴근 시 무엇을 합니까?

해설 신문은 중국어로 '**报纸**'이라고 하며 신문을 보다라는 표현은 '**看报纸**' 혹은 '**看报**'라고 한다. 우리말에 신문에 해당하는 '**新闻**'은 중국어로 뉴스이다.

回答1 他上下班时常看报纸。
그는 출퇴근 시 자주 신문을 봅니다.

> **报纸** bàozhǐ 신문

回答2 为了了解全球的经济情况，他常看报纸。
전세계의 경제 상황을 이해하기 위해서 그는 자주 신문을 봅니다.

> **为了** wèile ~을 위하여 | **了解** liǎojiě 이해하다 | **全球** quánqiú 전세계 | **经济** jīngjì 경제 | **情况** qíngkuàng 상황

답변완성 TIP

- **了解**: (객관적 사실) ~을 이해하다, 알다

  了解 + 情况(상황), **工作**(업무), **要求**(요구), **事情**(일), **缺点**(단점)

  예 我了解他。
  나는 그를 안다. (그가 어떤 사람인지 안다.)

  예 每天看报可以了解国内发生的事情。
  매일 신문을 보는 것은 국내외의 발생하는 일을 알 수 있다.

- **理解**: (심정, 기분 등을) 이해하다

  理解 + 心情(기분)

  예 我理解他。
  나는 그를 이해한다.

  예 我可以理解你的心情，但不能总是像这样天天后悔。
  나는 네 심정을 이해할 수 있어, 하지만 맨날 이렇게 후회 할 수는 없어.

| 05 실전테스트 | 第一部分 | 快速作答 그림을 보고 간단하게 답하기

问题 3

他去哪儿锻炼身体?
그는 어디에 가서 운동을 합니까?

해설 장소 관련 어휘를 얼만큼 알고 있는지 파악하기 위한 문제이다. 은행, 우체국, 식당, 호텔 등과 같이 간단한 장소는 파악해두도록 하자.

锻炼 duànliàn 단련하다 | 身体 shēntǐ 신체

回答1 他常去健身房锻炼身体。
그는 자주 헬스클럽에 가서 운동을 합니다.

健身房 jiànshēnfáng 헬스클럽

上 回答2 他常去健身中心健身。
그는 자주 헬스센터에 가서 운동을 합니다.

健身中心 jiànshēn zhōngxīn 헬스센터 | 健身 jiànshēn 헬스하다

05 실전테스트 　第一部分 ｜ 快速作答　그림을 보고 간단하게 답하기

问题 4

你上社交网站一般做什么?
당신은 SNS를 하면 일반적으로 무엇을 합니까?

해설　SNS관련문제는 1부분 뿐만 아니라 4부분에서도 자주 출제되는 문제이다. SNS로 자주 하는 행동 및 SNS의 장단점에 대해서는 미리 모범답변을 만들어 두도록 하자.

社交网站 shèjiāowǎngzhàn SNS

回答1　我一般上社交网站看看朋友们的近况。
저는 일반적으로 SNS를 하면 친구들의 근황을 봅니다.

近况 jìnkuàng 근황

回答2　我一般上社交网站找找最近的热门话题。
저는 일반적으로 SNS를 하면 최근 인기 있는 화제를 찾아봅니다.

热门 rèmén 인기 있는 | 话题 huàtí 화제

05 실전테스트 | 第二部分 | 简短作答 질문에 간단하게 답하기

问题 5

你一个人怎么过周末?
당신은 혼자서 어떻게 주말을 보내나요?

해설 주말을 보내는 방법에 대해서 간단히 설명하자. 취미활동도 좋고 쉬는 방식에 대해서도 이야기해도 좋다. 어렵지 않은 문제이니만큼 자신 있게 답변하도록 하자.

回答1 我一个人去歌厅唱歌，一来释放一下压力，二来练习一下最近的新歌儿。
저는 혼자 노래방에 가서 노래를 부르는데, 첫째로 스트레스를 해소하고 둘째로 최근의 신곡을 연습합니다.

歌厅 gētīng 노래방 | 唱歌 chànggē 노래를 부르다 | 一来 yīlái 첫째는 | 释放 shìfàng 내보내다 | 二来 èrlái 둘째는 | 练习 liànxí 연습하다

上 回答2 我喜欢静静地呆在家里。看看书，练练瑜伽什么的，或者去桑拿房蒸个桑拿也不错。
저는 조용하게 집에 있는 것을 좋아합니다. 책을 보거나 요가를 연습하거나 혹은 사우나에 가서 사우나를 하는 것도 좋습니다.

静 jìng 차분하다 | 呆 dāi 머무르다 | 练瑜伽 liànyújiā 요가하다 | 桑拿房 sāngnáfáng 사우나 | 蒸桑拿 zhēngsāngná 사우나하다

05 실전테스트　第二部分 | 简短作答　질문에 간단하게 답하기

问题 6

你的爱好是什么?
당신의 취미는 무엇입니까?

해설　자신의 취미에 대해서 이야기 하고 이 취미활동이 나에게 어떻게 도움이 되는지도 같이 이야기해보자.

回答1　我喜欢游泳。我觉得游泳的时候，自己就像一条鱼一样自由自在，不受约束。
저는 수영을 좋아합니다. 저는 수영할 때 제 자신이 한 마리의 물고기가 된 것처럼 자유자재로 속박을 받지 않는다고 생각합니다.

游泳 yóuyǒng 수영하다 | 像 xiàng 마치~와 같다 | 条 tiáo 길고 가는 것을 세는 단위 | 鱼 yú 물고기 | 一样 yíyàng 같다 | 自由自在 zìyóuzìzài 자유자재이다 | 受 shòu 받다 | 约束 yuēshù 속박하다

回答2　我最近迷上了室内攀岩。我觉得这项运动既充满了挑战又特别刺激。
저는 최근 실내 암벽등반에 빠졌습니다. 저는 이 운동이 도전적이고 매우 스릴 있다고 생각합니다.

迷上 míshàng ~에 빠지다, 심취하다 | 室内 shìnèi 실내 | 攀岩 pānyán 암벽등반 | 项 xiàng 종목 | 既~又~ jì~ yòu~ ~하기도 하고 ~하기도 하다 | 充满 chōngmǎn 충만하다 | 挑战 tiǎozhàn 도전하다 | 刺激 cìjī 자극하다, 흥분시키다

05 실전테스트 — 第二部分 | 简短作答 질문에 간단하게 답하기

问题 7

你喜欢你现在的工作吗?
당신은 현재의 직업을 좋아합니까?

해설 현재의 직업에 관한 만족도에 대해서는 업무량, 수입, 복지, 동료들과의 사이를 예로 들어 구체적으로 설명하면 된다.

回答1 当然，我对我现在的工作非常满意。不仅收入稳定，而且福利又特别好，更重要的是，同事之间相互帮助，就像一家人一样。
당연합니다. 저는 현재의 일에 매우 만족합니다. 수입이 안정적일 뿐만 아니라 복지도 매우 좋고, 더욱 중요한 것은 동료간에 서로 도와서 마치 한 가족 같습니다.

对 duì ~에 대하여 | 满意 mǎnyì 만족하다 | 不仅 bùjǐn ~일 뿐만 아니라 | 收入 shōurù 수입 | 稳定 wěndìng 안정적이다 | 福利 fúlì 복지 | 相互 xiānghù 서로, 상호간에

回答2 说实话，我不太满意现在的工作。我觉得现在的工作太单调了，我喜欢那种充满挑战的工作。
솔직히 말하면 저는 현재의 일에 별로 만족하지 않습니다. 저는 현재의 일이 너무 단조롭다고 생각합니다. 저는 도전으로 충만한 일을 좋아합니다.

说实话 shuōshíhuà 솔직히 말하면 | 调 dāndiào 단조롭다

 **第二部分 | 简短作答** 질문에 간단하게 답하기

问题 8

你的同事怎么样?
당신의 동료는 어떻습니까?

해설 동료 소개는 2부분에서 자주 등장하는 문제이다. 성격, 외모, 일 처리 능력 등 세분화하여 답변해보도록 하자.

回答1 我的同事工作时特别有效率,而且分工明确,从来不干涉别人的工作,这一点我非常满意。

저의 동료는 업무를 할 때 매우 효율적이고 분업이 명확하여, 여태껏 다른 사람의 업무에 간섭하지 않습니다. 이 점이 저는 매우 만족스럽습니다.

效率 xiàolǜ 효율 | 分工 fēngōng 분업하다 | 明确 míngquè 명확하다 | 从来 cónglái 여태껏 | 干涉 gānshè 간섭하다

 回答2 我的同事都很自私,他们总是人前一套,背后一套。因为他们我吃了不少亏。

저의 동료는 모두 매우 이기적이고, 그들은 항상 겉과 속이 다릅니다. 그들 때문에 저는 많은 손해를 보았습니다.

自私 zìsī 이기적이다 | 人前一套, 背后一套 rénqiányítào, bèihòuyítào 겉과 속이 다르다 | 吃亏 chīkuī 손해를 보다

05 실전테스트 | 第三部分 | 情景模拟 주어진 상황에 맞게 말하기

问题 9

你是一家公司的部长。你认为电子商务前景非常好，因此你认为公司有必要成立一个电子商务部。请你向经理说明一下要成立电子商务部的理由。

당신은 한 회사의 부장입니다. 당신은 전자 상거래의 전망이 매우 좋아 회사에 반드시 전자 상거래팀을 설립해야 한다고 생각합니다. 사장님에게 전자 상거래팀을 설립해야 하는 이유를 설명해 보세요.

해설 전자 상거래팀의 설립 이유는 전자 상거래팀의 장점, 즉 사람들의 생활과 인터넷의 밀접한 관계, 시장 확대, 상품 홍보, 고객 확보, 상품 유통과 교역자본 감소 등을 예로 들어 설명하면 된다. 사장님에게 자신의 견해를 설명해야 하는 만큼 말투에도 신경 써서 답변하도록 하자.

电子商务 diànzishāngwù 전자상거래 | 前景 qiánjǐng 장래, 앞날 | 必要 bìyào 필요로 하다 | 成立 chénglì 설립하다

回答 1
如今我们已经进入互联网时代，人们的生活与网络紧密相连。因此，我认为我们公司也应顺应时代发展的要求，建立一个电子商务交易平台。它将为我们提供更广阔的市场，到时候我们将可以不受地域限制，面向全球的消费者推广我们的产品。

현재 우리는 이미 인터넷 시대에 진입하였고, 사람들의 생활은 인터넷과 매우 밀접하게 연결되어 있습니다. 그래서 저는 저희 회사도 반드시 시대 발전의 요구에 따라 전자 상거래 교역플랫폼을 만들어야 한다고 생각합니다. 이것은 저희에게 더 큰 시장을 제공할 것이며, 그 때가 되면 저희는 지역의 제한을 받지 않고 전세계 소비자들에게 저희의 상품을 홍보할 수 있을 것입니다.

如今 rújīn 오늘날, 현재 | 进入 jìnrù 진입하다 | 互联网 hùliánwǎng 인터넷 | 网络 wǎngluò 네트워크 | 紧密 jǐnmì 밀접하다, 긴밀하다 | 相连 xiānglián 이어지다, 연결되다 | 顺应 shùnyīng 순응하다 | 建立 jiànlì 건립하다 | 交易 jiāoyì 교역하다 | 平台 píngtái 플랫폼 | 广阔 guǎngkuò 넓다, 광활하다 | 地域 dìyù 지역 | 限制 xiànzhì 제한하다 | 面向 miànxiàng ~로 향하다 | 全球 quánqiú 전세계 | 推广 tuīguǎng 널리 보급하다

回答 2 (上)
我个人认为目前网络发展已经进入成熟期，越来越多的人享受网上购物带来的乐趣。所以，我觉得我们公司也应该建立一个电子商务交易平台。一来这符合时代的要求，如今人们越来越追求时尚，讲究个性，注重购物环境。二来电子商务交易可以减少流通环节，节省开支，从而大大降低商品流通和交易的成本。

제 개인적인 견해로는 현재의 인터넷발전은 이미 성숙기에 들어섰다고 생각합니다. 점점 더 많은 사람들이 인터넷쇼핑의 즐거움을 만끽하고 있습니다. 그러므로 저는 우리 회사도 전자상거래 플랫폼을 만들어야 한다고 생각합니다. 첫째, 이것은 시대의 요구에 부합하는 것으로 현재 사람들은 갈수록 유행을 추구하고 개성에 신경 쓰며 구매 환경을 중시합니다. 둘째, 전자상거래 교역은 유통단계를 줄여주고 지출을 줄여주어 상품 유통과 교역자본을 크게 감소시켜 주기 때문입니다.

成熟 chéngshú 성숙하다 | 越来越 yuèláiyuè 점점 | 享受 xiǎngshòu 누리다 | 乐趣 lèqù 즐거움 | 符合 fúhé 부합하다 | 追求 zhuīqiú 추구하다 | 时尚 shíshàng 시대적 유행 | 讲究 jiǎngjiu 중요시 하다 | 个性 gèxìng 개성 | 注重 zhùzhòng 중시하다 | 购物 gòuwù 구매하다 | 减少 jiǎnshǎo 감소하다 | 流通 liútōng 유통하다 | 环节 huánjié 고리 | 节省 jiéshěng 절약하다 | 开支 kāizhī 지출 | 从而 cóng'ér 따라서 | 降低 jiàngdī 내리다, 낮추다 | 成本 chéngběn 원가, 자본금

05 실전테스트　第三部分 | 情景模拟　주어진 상황에 맞게 말하기

问题 10

你在星星饭店门口下车后发现把包落在出租车里了。请你给出租车公司打电话说明情况并解决问题。

당신은 싱싱호텔 입구에서 하차한 뒤, 가방을 택시에 놓고 내렸다는 것을 알게 되었습니다. 택시 회사에 전화를 걸어 상황을 설명하고 문제를 해결해 보세요.

해설　먼저 자신이 어디에서 승차를 했는지, 무엇을 놓고 내렸는지를 설명한 뒤, 해결 방안은 사례 지불을 하겠다고 하면 된다. 실제 상황처럼 다급하면서도 자연스러운 말투로 상황을 설명하도록 하자.

落 là 빠뜨리다

回答 1　喂，你好！是出租汽车公司吧？我上午十点左右在北京站坐你们公司的出租车到星星饭店下车。可下车的时候我把包落在了后座上。车牌号码我没记住，我只记得司机是位女司机。麻烦您帮忙找找我的包，好吗？

여보세요, 안녕하세요. 택시 회사죠? 제가 오전 10시쯤 베이징역에서 귀사의 택시를 타고 싱싱호텔에서 하차하였습니다. 그런데 하차할 때 제가 가방을 뒷자리에 놓고 내렸습니다. 차량 번호는 기억하지 못하고요, 제가 기억하는 것은 기사가 여자분이셨습니다. 죄송하지만, 제 가방 좀 찾아주시겠어요?

左右 zuǒyòu 정도, 즈음 | 车牌号码 chēpáihàomǎ 차량번호 | 记住 jìzhù 기억하다 | 记得 jìde 기억하다 | 司机 sījī 기사 | 麻烦 máfan 귀찮게 하다

回答 2　喂，您好！是北京出租汽车公司吗？今天上午十点左右我在北京站坐出租车到星星饭店下了车，可我把包落在了后备箱里，包是黑色的，里面虽然没有贵重的东西，但会议资料是我明天开会时要用的。请你们一定要帮我找到，事后必有重谢。

여보세요. 안녕하세요. 베이징 택시 회사인가요? 오늘 오전 10시쯤 제가 베이징역에서 귀사의 택시를 타고 싱싱 호텔에서 내렸습니다. 그런데 제가 가방을 트렁크에 놓고 내렸습니다. 가방은 검정색이고 안에 귀중품은 없지만 회의자료가 제가 내일 회의에 필요한 것들입니다. 꼭 좀 찾아주시길 바라겠습니다. 후에 반드시 사례하겠습니다.

后备箱 hòubèixiāng 트렁크 | 贵重 guìzhòng 귀중하다 | 资料 zīliào 자료 | 事后 shìhòu 사후 | 必有 bìyǒu 틀림없이 있다 | 重谢 zhòngxiè 사례하다, 감사하다

05 실전테스트 | 第三部分 | 情景模拟 주어진 상황에 맞게 말하기

问题 11

今天是星期六，你要参加考试。但你到了考场才发现忘带身份证了。请你给家人打电话，让家人帮你把身份证送来。

오늘은 토요일이고, 당신은 시험에 참가하려고 합니다. 하지만 고사장에 도착해서야 신분증을 놓고 왔다는 것을 알게 되었습니다. 가족에게 전화를 걸어 신분증을 가져와 달라고 해보세요.

해설 먼저 전화를 건 이유를 설명하고, 신분증이 어디에 있는지 설명한 뒤 가져와야 하는 장소에 대해서 얘기하면 된다. 실제로 대화를 하듯 자연스럽게 말해야 함을 잊지 말자.

考场 kǎochǎng 시험장 | 发现 fāxiàn 발견하다 | 忘 wàng 잊다 | 身份证 shēnfènzhèng 신분증

回答 1

喂，妈！我今天考试，出门的时候忘记带身份证了。还有一个小时就要考试了，急死我了。你能不能帮我把身份证送来？身份证在我房间的书桌上放着呢。路上一定要小心，车别开得太快。

여보세요, 엄마! 제가 오늘 시험인데 집을 나설 때 신분증 가져오는 것을 깜박했어요. 한 시간 후면 시험인데 너무 초조해요. 신분증 좀 가져다 주실 수 있으세요? 신분증은 제 방 책상 위에 놓여있어요. 오는 길 꼭 조심하시고 너무 빨리 운전하지 마세요.

急 jí 급하다 | 死了 sǐle ~해 죽겠다 | 房间 fángjiān 방 | 放 fàng 놓다 | 小心 xiǎoxīn 조심하다

上 回答 2

喂，妈！我出门忘了带身份证，可我下午有个重要的考试。你能不能让我哥开车给我送来呀？身份证放在我房间书桌的抽屉里了。一定得让我哥按时送到，不然我该进不去考场了，拜托了。

여보세요 엄마! 제가 나올 때 신분증을 깜박했는데 제가 오후에 중요한 시험이 있어요. 오빠한테 차를 가지고 저에게 가져다 달라고 해주실수 있으세요? 신분증은 제 방 책상 서랍 안에 있어요. 오빠한테 꼭 제시간에 와야 한다고 해주세요. 그렇지 않으면 시험장에 들어갈 수 없어요. 부탁 좀 드릴께요.

出门 chūmén 외출하다 | 抽屉 chōuti 서랍 | 让 ràng ~하게 하다 | 按时 ànshí 제때에 | 不然 bùrán 그렇지 않으면 | 拜托 bàituō 부탁하다

05 실전테스트 | 第四部分 | 意见表述 의견 말하기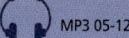

问题 12

如今人们对"二手商品"的态度发生了很大的改变，二手市场交易越来越活跃。对此你怎么看？

최근 "중고 상품"에 대한 사람들의 태도에 큰 변화가 생겼고, 중고 시장 거래가 점점 활성화되고 있습니다. 이에 대해 당신은 어떻게 생각합니까?

해설 중고시장의 장점은 저렴한 가격에 자신이 필요한 물건을 살 수 있다는 것이고 단점은 직접 확인할 수 없는 부분이 많아 믿을 만 하지 못하다는 것이다. 자신이 생각하는 중고 시장거래의 장점과 단점에 대해서 조리 있게 답변하도록 하자.

如今 rújīn 오늘날 | 二手 èrshǒu 중고 | 态度 tàidù 태도 | 改变 gǎibiàn 변화 | 交易 jiāoyì 교역하다 | 活跃 huóyuè 활기차다

回答 1 虽然现在二手市场交易比以前活跃了很多，特别是二手车、二手房的交易量达到了过去的好几倍，但二手商品中有很多关于产品的细节是我们无法亲自确认的，所以我还是觉得二手商品交易不太可靠。

비록 현재 중고 시장 거래가 예전보다 많이 활성화되었고, 특히 중고차, 중고 주택의 거래량이 과거의 몇 배에 달하지만, 중고 상품 중 많은 상품에 관련된 세부적인 것들은 우리가 직접 확인할 수 없기에 저는 여전히 중고 상품 거래가 별로 믿을 만하지 않다고 생각합니다.

交易量 jiāoyìliàng 교역량 | 达到 dádào 도달하다 | 倍 bèi 배수 | 细节 xìjié 세부사항 | 无法 wúfǎ ~할 방법이 없다 | 亲自 qīnzì 직접 | 确认 quèrèn 확인하다 | 可靠 kěkào 믿을만하다

回答 2 我认为二手市场无论对买家还是卖家都有好处。二手市场的价格十分便宜，有的商品甚至比原价便宜百分之八十。而且对卖家来说，不仅可以处理掉平时不用的东西，还可以小赚一笔，算是一件两全其美的好事。对买家而言，可以低价买到自己需要的东西。所以我觉得二手市场是个不错的交易平台。

저는 중고시장이 구매자이든 판매자이든 상관없이 모두에게 장점이 있다고 생각합니다. 중고시장의 가격은 매우 저렴하며 일부 상품들은 심지어 원가보다 80%정도 저렴합니다. 게다가 판매자에게 있어서는 평소에 사용하지 않는 물건을 처리할 수 있을 뿐만 아니라 돈을 벌 수 있어 누이 좋고 매부 좋은 일이라 할 수 있습니다. 구매자에게 있어서는 할인된 가격으로 자신이 필요한 물건을 살 수 있습니다. 그래서 저는 중고시장은 괜찮은 교역 플랫폼이라고 생각합니다.

无论 wúlùn ~을 막론하고 | 买家 mǎijiā 구매자 | 卖家 màijiā 판매자 | 好处 hǎochù 장점 | 价格 jiàgé 가격 | 十分 shífēn 매우 | 便宜 piányi 저렴하다 | 有的 yǒude 어떤 것 | 甚至 shènzhì 심지어 | 原价 yuánjià 원가 | 处理 chǔlǐ 처리하다 | 赚 zuàn (돈을) 벌다 | 笔 bǐ 돈이나 그와 관련된 것을 세는 단위 | 算是 suànshì ~인 셈이다 | 两全其美 liǎngquánqíměi 두 가지(쌍방이) 모두 좋은 결과를 얻도록 하다. 누이 좋고 매부 좋다 | 低价 dījià 저가 | 平台 píngtái 플랫폼

05 실전테스트　第四部分 | 意见表述 의견 말하기

问题 13

> 无论是大企业还是中小企业，能否任用贤才是企业成功的关键。对此你怎么看？
>
> 대기업, 중소기업을 막론하고, 유능한 인재를 고용할 수 있는지가 기업 성공의 관건입니다. 이에 대해 당신은 어떻게 생각합니까?
>
> **해설** 인재는 회사의 초석이자 동량이며, 좋은 인재를 보유하고 있는 기업이 시장 경쟁의 승패를 결정한다고도 할 수 있다. 인재를 많이 보유하는 기업이 어떤 경쟁력을 가지고 있는지 설명해보도록 하자.
>
> **无论** wúlùn ~을 막론하다 | **大企业** dàqǐyè 대기업 | **中小企业** zhōngxiǎoqǐyè 중소기업 | **能否** néngfǒu ~할 수 있는지 없는지 | **任用** rènyòng 임용하다 | **贤才** xiáncái 현명하고 유능한 인재 | **关键** guānjiàn 관건

回答1　我认为人才是企业的第一资本，人才的竞争决定市场竞争的成败。谁拥有一支高素质的人才队伍，谁就拥有了成功的基础。因此企业如果想谋生存求发展的话，就必须多任用贤才。

저는 인재가 기업의 가장 중요한 자본이며, 인재 경쟁이 시장 경쟁의 승패를 결정한다고 생각합니다. 자질이 높은 인재들을 보유하고 있는 기업이 성공의 기초를 마련했다고 말할 수 있습니다. 그래서 기업이 생존과 발전을 추구한다면, 반드시 유능한 인재를 많이 고용해야 합니다.

资本 zīběn 자본 | **竞争** jìngzhēng 경쟁하다, 경쟁 | **成败** chéngbài 성공과 실패 | **拥有** yōngyǒu 보유하다 | **一支** zhī 무리를 세는 양사 | **素质** sùzhì 소양, 자질 | **队伍** duìwǔ 대열, 무리 | **谋** móu 도모하다 | **生存** shēngcún 생존하다 | **必须** bìxū 반드시

上 回答2　众所周知，一栋房子盖得好不好，关键得看地基打得牢不牢。如果把企业比作房子，那么人才就是基石，就是栋梁。想把企业做大做强，就必须依靠人才的力量。所以我非常同意"能否招贤纳士是企业成功的关键"这个观点。

모두 다 알 듯, 하나의 집을 짓는데 있어 중요한 것은 지반을 견고하게 다졌는지 아닌지에 있습니다. 만약 기업을 집에 비교한다며 인재는 바로 초석이자 동량입니다. 기업을 크고 강하게 만들려면 반드시 인재의 역량에 의존해야 합니다. 그래서 저는 '현인을 초빙하고 인재를 받아들일 수 있는지 없는지가 기업 성공의 관건이다"라는 견해에 매우 동의합니다.

众所周知 zhòngsuǒzhōuzhī 모든 사람이 다 알고 있다 | **栋** dòng 집을 세는 단위 | **房子** fángzi 집 | **盖** gài 짓다, 건축하다 | **地基** dìjī 토대, 지반 | **牢** láo 견고하다 | **比作** bǐzuò ~로 비유하다 | **基石** jīshí 초석 | **栋梁** dòngliáng 동량 | **依靠** yīkào 의지하다 | **力量** lìliàng 역량 | **招贤纳士** zhāoxiánnàshì 현인을 초빙하고 인재를 받아들이다

 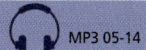

问题 14

你认为"成功的人生"标准是什么？为什么？
당신은 "성공한 인생"의 기준이 무엇이라고 생각합니까? 이유는 무엇입니까?

해설 자신이 생각하는 성공한 인생의 기준을 설명하자. 사업의 성공, 행복한 가정, 건강한 신체, 부유한 생활 등 자신이 생각하는 기준을 이야기하고 그에 따른 합당한 근거를 제시하도록 하자.

成功 chénggōng 성공하다 | 标准 biāozhǔn 기준

回答1 我觉得这个问题因人而异。但我个人认为，拥有稳定的工作、幸福的家庭、健康的身体就算是成功的人生了。当然，这三个条件要想同时满足并不太容易，所以我觉得哪怕能做到其中一条，也称得上是成功的人生了。

저는 이 문제는 사람마다 다르다고 생각합니다. 하지만 저는 개인적으로 안정적인 직장, 행복한 가정, 건강한 신체를 가진 것이야말로 성공한 인생이라고 생각합니다. 당연히 이 세 가지 조건을 동시에 만족시키는 것은 결코 쉬운 것이 아닙니다. 그래서 저는 설령 그 중에 한 가지만 해낼 수 있다 해도 성공한 인생이라고 부를 수 있다고 생각합니다.

因人而异 yīnrén'éryì 사람에 따라 다르다 | 拥有 yōngyǒu 소유하다 | 稳定 wěndìng 안정적이다 | 幸福 xìngfú 행복하다 | 家庭 jiātíng 가정 | 健康 jiànkāng 건강하다 | 条件 tiáojiàn 조건 | 同时 tóngshí 동시에 | 满足 mǎnzú 만족하다 | 并 bìng 결코 | 容易 róngyì 쉽다 | 哪怕 nǎpà 설령 ~라 할지라도 | 称得上 chēngdeshàng ~라 불릴 만 하다

上 回答2 我觉得作为一个男人，事业上的成功就意味着成功的人生了。男人嘛，就应该以事业为重，如今商场就如同战场，而在这场没有硝烟的战争中获胜所带来的荣誉感以及成就感，没感受过的人是不会明白的。

저는 남자는 사업의 성공이 성공한 인생을 의미한다고 생각합니다. 남자라면 반드시 사업을 가장 중요하게 생각해야 하며 현재의 상업계가 바로 전쟁과 같으며 전화(戰火)없는 전쟁에서 승리가 가져다 주는 긍지와 성취감을 느껴보지 못한 사람은 이해하지 못할 것입니다

作为 zuòwéi ~으로서 | 事业 shìyè 사업 | 意味着 yìwèizhe 의미하다 | 以~为~ yǐ~wéi ~을 ~으로 삼다 | 如同 rútóng ~와 같다 | 战场 zhànchǎng 전쟁터 | 硝烟 xiāoyān 화학연기 | 战争 zhànzhēng 전쟁 | 获胜 huòshèng 승리하다 | 荣誉感 róngyùgǎn 명예감 | 成就感 chéngjiùgǎn 성취감 | 感受 gǎnshòu 느끼다

05 실전테스트 | 第五部分 | 看图描述 그림을 보고 이야기 만들기

 MP3 05-15

问题 15

小珍是一家公司的秘书，请你根据图片说说她平时的业务。

샤오쩐은 한 회사의 비서입니다. 그림에 근거하여 그녀의 평상시 업무에 대해 말해 보세요.

해설 5부분은 회사원의 하루 일과를 설명하는 문제가 종종 출제된다. 4장 그림을 각각 시간 분배를 잘하여 모두 언급하도록 하자. 4장의 그림을 단순히 설명하기 보다는 디테일 하게 구사할수록, 단문보다는 접속사를 사용한 복문이 훨씬 더 높은 점수를 받는 다는 것을 잊지 말자.

回答1

小珍是一名秘书，工作起来认真负责。她的主要职责就是帮助总经理打理各项琐碎的事情，其中整理会议资料就是她的业务之一。如果当天没有会议的话，小珍要向经理报告当天的其他日程安排，并且要提醒经理接下来要做的事情。另外就是帮经理复印一些材料以及处理一些电话，把重要的电话转到办公室，把不太重要的电话记下来，找时间一起转告经理。

샤오쩐은 비서이며, 일을 열심히 합니다. 그녀의 주요 업무는 사장님을 도와 각각의 잡다한 일들을 처리하는 것입니다. 그 중 회의 자료 정리는 그녀의 업무 중 하나입니다. 만약 당일 회의가 없으면 샤오쩐은 사장님께 그날의 기타 일정을 보고 드리고, 사장님께서 다음에 해야 할 일들을 알려드려야 합니다. 이 밖에 사장님을 도와 자료를 복사하거나 일부 전화 업무를 처리합니다. 중요한 전화는 사무실로 돌리고, 중요하지 않은 전화는 기록하여 시간이 될 때 함께 사장님께 보고 드립니다.

| 起来 (보어로)~하기 시작하면 | 认真 rènzhēn 성실하다 | 负责 fùzé 책임지다 | 主要 zhǔyào 주요한 | 职责 zhízé 직책 | 总经理 zǒngjīnglǐ 사장님 | 打理 dǎlǐ 처리하다 | 各项 gèxiàng 각종 항목 | 琐碎 suǒsuì 자질구레하고 번거롭다 | 整理 zhěnglǐ 정리하다 | 业务 yèwù 업무 | 当天 dāngtiān 그날 | 报告 bàogào 보고하다 | 日程 rìchéng 일정 | 并且 bìngqiě 게다가 | 提前 tíqián 미리, 사전에 | 提醒 tíxǐng 일깨우다 | 接下来 jiēxiàlái 다음으로, 이어서 | 另外 lìngwài 그 밖에 | 复印 fùyìn 복사하다 | 转 zhuǎn 돌다 | 转告 zhuǎngào 전달하다 |

回答2

小珍是这一家公司的经理秘书。平时工作繁忙，但都是一些看似很繁琐，实际却很重要的事情。她每天主要负责整理当天的会议资料，会议较多的那天一般都会加班到很晚。但是如果经理出差的话，就要提前将当天的日程安排好告诉经理。此外，平时还要给经理复印一些材料，以及帮经理接打一些电话，例如联系客户，传达会议通知等等。

샤오쩐은 이 회사의 사장님 비서입니다. 평소에 일이 바쁘며 보기에는 사소한 일들 같지만 매우 중요한 일입니다. 그녀의 매일 주요 업무는 그날의 회의 자료를 정리하는 것인데, 회의가 많은 날에는 일반적으로 늦게까지 야근을 합니다. 만약 대표님이 출장을 가시면 미리 그날의 일정을 계획하여 대표님에게 보고합니다. 그 밖에도 자료를 복사하고, 고객과의 통화 연결이나 회의 일정 공지를 하는 등 대표님을 도와 전화업무를 합니다.

| 繁忙 fánmáng 일이 많고 바쁘다 | 看似 kànsì 보기에 마치 | 繁琐 fánsuǒ 자질구레하다 | 实际 shíjì 실제로는 | 却 què 오히려 | 加班 jiābān 야근하다 | 出差 chūchāi 출장가다 | 将 jiāng ~을, ~를 | 此外 cǐwài 이 밖에 | 例如 lìrú 예를 들면 | 传达 chuándá 전달하다 | 通知 tōngzhī 통지하다 | 等等 děngděng 등등 |

新BCT Speaking 단어 정복하기!

▶ 취미

◎ 球 공, 구, 볼

打篮球	dǎ lánqiú	농구를 하다
打网球	dǎ wǎngqiú	테니스를 하다
打羽毛球	dǎ yǔmáoqiú	배드민턴을 치다
打高尔夫球	dǎ gāo'ěrfūqiú	골프를 치다
踢足球	tī zúqiú	축구를 하다

예 我的爱好是打高尔夫球。
나의 취미는 골프 치는 것이다.

예 我每个周末晚上都跟朋友们一起踢足球。
나는 매주 주말 저녁에 친구들과 함께 축구를 한다.

◎ 交 사귀다, 서로 연락하다, 왕래하다

社交	shèjiāo	사교
交朋友	jiāo péngyou	친구를 사귀다
交流	jiāoliú	교류하다
交往	jiāowǎng	왕래하다, 교제하다
交际	jiāojì	교제하다

예 我一般通过社交网站交朋友。
나는 일반적으로 SNS를 통해서 친구를 사귄다.

예 同事之间需要沟通和交流。
동료 간에는 소통하고 교류하는 것이 필요하다.

◎ 游 헤엄치다, 이리저리 다니다, 한가롭게 거닐다.

游泳	yóuyǒng	수영하다
游览	yóulǎn	(풍경, 명승 등을) 유람하다, 구경하다
游客	yóukè	여행객
旅游	lǚyóu	여행, 여행하다
游戏	yóuxì	게임

예) 中国是富有魅力的国家，吸引众多游客来游览、度假。
중국은 매력이 넘치는 나라로, 많은 여행객들이 유람, 휴가를 오도록 매료시킨다.

예) 我想改掉天天玩游戏的习惯。
나는 매일 게임을 하는 습관을 고치고 싶다.

▶ 회사생활

◎ 业 직업, 종사하다

· 就业	jiùyè	취업하다
· 职业	zhíyè	직업
· 业务	yèwù	업무
· 业绩	yèjì	업무실적
· 企业	qǐyè	기업

예) 我的业务量比别的同事大。
나의 업무량은 다른 동료보다 많다.

예) 最近我国就业问题比较严重。
최근 우리나라의 취업 문제는 비교적 심각하다.

◎ 班 근무, 차례

· 加班	jiābān	야근하다
· 上班	shàngbān	출근하다
· 下班	xiàbān	퇴근하다
· 班车	bānchē	통근버스
· 航班	hángbān	항공편

예) 我上下班时一般都利用班车。
나는 출퇴근 시 일반적으로 통근버스를 이용한다.

예) 合作公司的王科长坐的是哪个航班？
합작 회사의 왕과장님은 어떤 항공편을 탔습니까?

◎ 报 보고하다, 제안하다, 보답하다, 사례하다

· 报告	bàogào	보고하다
· 报表	bàobiǎo	보고 양식, 보고표
· 报答	bàodá	보답하다, 감사를 표하다
· 报酬	bàochou	보수, 대가, 수당
· 报到	bàodào	도착하였음을 보고하다, 도착 등록을 하다

예 我向上司报告了出口过程中出现的问题。
나는 상사에게 수출 과정 중 발생한 문제에 대해 보고하였다.

예 年终奖金是对员工一年辛苦工作的报酬。
연말보너스는 직원이 1년간 수고하며 일한 것에 대한 보수이다.

▶ 구매

◎ 购 구매하다, 사들이다

购物	gòuwù	물건을 사다
购买	gòumǎi	구입하다
购置	gòuzhì	(장기간 사용할 것을) 사들이다
采购	cǎigòu	(주로 기관·기업 등에서)구매하다, 골라 사다
购买力	gòumǎilì	구매력

예 这家工厂购置了一批新设备。
이 공장은 한 무더기의 새로운 설비들을 사들였다.

예 采购之前，采购员首先要了解市场。
구매 전 구매 담당 직원은 먼저 시장을 알아야 한다.

◎ 买 사다

买卖	mǎimài	매매, 장사
买价	mǎijià	매입 가격
买方	mǎifāng	구매측, 사는 사람
买单	mǎidān	계산하다, 지불하다
收买	shōumǎi	사들이다, 매수하다

예 我是卖方，他是买方，主动权在他那里。
나는 파는 쪽이고 그는 사는 쪽이어서, 주동권이 그에게 있다.

예 今天这顿饭，由我来买单。
오늘 이 식사는 내가 계산합니다.

▶ 마케팅과 판촉

◎ 推 밀다, 추천하다

推出	tuīchū	내놓다, 출시하다
推广	tuīguǎng	널리 보급하다, 일반화하다
推荐	tuījiàn	추천하다
推销	tuīxiāo	판로를 확장하다, 마케팅 하다
推动	tuīdòng	추진하다, 촉진하다

예) 我们公司今天推出了一款新手机。
우리 회사는 오늘 새로운 모델의 휴대폰을 출시했다.

예) 召开博览会有助于推广新产品。
박람회를 개최하는 것은 신제품 보급에 도움이 된다.

◎ 销 판매하다

销售	xiāoshòu	판매하다
销路	xiāolù	(상품의)판로
销势	xiāoshì	판매 추세
畅销	chàngxiāo	판로가 넓다, 잘 팔리다
销售员	xiāoshòuyuán	판매원

예) 我主要负责打开销路。
저는 주로 판로 개척을 맡고 있습니다.

예) 我国的智能电视销势看好。
우리나라의 스마트TV 판매 추세는 전망이 밝다.

▶ 운송과 물류

◎ 物 물건, 사물

· 物流	wùliú	물류
· 物品	wùpǐn	물품
· 物产	wùchǎn	생산품
· 物超所值	wùchāosuǒzhí	물품이 원래의 가치를 뛰어넘다, 가성비가 뛰어나다
· 物美价廉	wùměijiàlián	상품의 질이 좋고 값도 저렴하다

예) 中国土地广大，物产丰富。
중국은 영토가 광대하고, 생산품이 풍부하다.

예) 在市场上，物美价廉的商品很受顾客的欢迎。
시장에서는 상품의 질이 좋고 가격이 싼 제품이 고객의 환영을 받는다.

◎ 运 이동하다, 운송하다, 운반하다

· 运输	yùnshū	운송하다
· 运费	yùnfèi	운송비
· 运营	yùnyíng	운영하다
· 运转	yùnzhuǎn	(기구·조직 등이)운행되다
· 运用	yùnyòng	운용하다, 활용하다, 응용하다

예) 大型的集装箱都是通过轮船来运输的。
대형 컨테이너는 모두 기선을 통해 운송된다.

예) 生产线正常运转。
생산 라인이 정상적으로 운행된다.

▶ 무역

◎ 商 협상하다, 상업, 장사

商品	shāngpǐn	상품
商标	shāngbiāo	상표
商务	shāngwù	비즈니스
商业	shāngyè	상업
商机	shāngjī	사업 기회, 상업 기회

예) 注册商标的过程算是比较复杂的。
상표를 등록하는 과정은 비교적 복잡하다고 할 수 있다.

예) 公司非常重视员工的商务汉语能力。
회사에서 직원의 비즈니스 중국어 능력을 매우 중요시한다.

◎ 贸 거래하다, 교역하다

贸易	màoyì	무역
贸易壁垒	màoyìbìlěi	무역 장벽
商贸	shāngmào	상업과 무역
贸促会	màocùhuì	국제 무역 촉진회(国际贸易促进会의 약칭)
贸易额	màoyì'é	무역액

예) 为了加强韩中贸易交流，首先要消除贸易壁垒。
한중 무역 교류의 강화를 위해 먼저 무역 장벽을 없애야 한다.

예) 我公司贸易额比去年增长了一倍。
우리 회사의 무역액은 작년에 비해 1배 증가했다.

▶ 생산과 설비

◎ 产 생산하다, 산출하다, 생산품

· 生产	shēngchǎn	생산하다
· 产品	chǎnpǐn	상품
· 产值	chǎnzhí	생산액
· 产量	chǎnliàng	생산량
· 产权	chǎnquán	재산권(财产权 cáichǎnquán)의 약칭

예 产品出厂前都要经过检验。
상품은 출하되기 전에 모두 테스트를 거쳐야 한다.

예 在中国，电子产品的产量大幅度地提高了。
중국에서 전자제품의 생산량이 대폭 증가했다.

◎ 设 설치하다, 세우다, 준비하다

· 设备	shèbèi	설비
· 设施	shèshī	시설
· 设定	shèdìng	설정하다
· 设置	shèzhì	설치하다
· 开设	kāishè	설립하다, 개업하다

예 进口新设备需要财务部的批准。
새로운 설비를 수입하는 것은 재무팀의 비준이 필요하다.

예 企业必须要在工厂基础设施方面投入大量资金。
기업은 반드시 공장의 인프라 방면에 많은 자금을 투자해야 한다.

▶ 재무와 회계

◎ 财 재물, 재화, 재정

• 财产	cáichǎn	재산, 자산
• 财富	cáifù	재산, 자산
• 财务	cáiwù	재무, 재정
• 财政	cáizhèng	재정
• 财经	cáijīng	재정과 경제

예 他这次的失误给企业财产带来了巨大的损失。
그의 이번 실수는 기업의 자산에 막대한 손해를 가져왔다.

예 提供精确的财务报表是财务部工作的重中之重。
정확한 재무제표를 제공하는 것은 재무부 업무 중 가장 중요하다.

◎ 资 자산, 재물, (재물로)돕다, 제공하다

• 资本	zīběn	자본
• 资产	zīchǎn	재산, 산업
• 资金	zījīn	자금, 기금
• 资料	zīliào	자료, 생필품
• 资源	zīyuán	자원

예 资本运营对公司来说至关重要。
자본 운영은 회사에 있어서 매우 중요하다.

예 企业的资金运行系统包括筹资系统和投资系统。
기업의 자금 운영 시스템은 자금 조달 시스템과 투자 시스템을 포함한다.

▶ 행정

◎ 计 계산하다, 계획하다

· 计划	jìhuà	계획하다
· 计算	jìsuàn	계산하다
· 计策	jìcè	계책, 계략
· 计酬	jìchóu	보수를 계산하다
· 计算机	jìsuànjī	컴퓨터

例 我们行政部主要负责计划公司里的所有活动。
우리 행정팀은 주로 회사의 모든 활동을 기획하는 것을 담당한다.

例 按劳动时间计酬。
노동 시간에 따라 임금을 계산한다.

◎ 组 조, 팀, 짜다, 조직하다

· 组成	zǔchéng	구성하다
· 组合	zǔhé	조합하다
· 组织	zǔzhī	조직하다
· 组办	zǔbàn	조직하여 개최하다
· 组团	zǔtuán	단체를 조직하다

例 行政部是由几个小部门组成的。
행정팀은 몇 개의 작은 부서로 구성되어 있다.

例 为了落实员工福利，公司定期组织各种活动。
직원 복지를 실현하기 위해, 회사는 정기적으로 각종 활동을 조직한다.

▶ 교육

◎ 教 가르치다, 전수하다

· 教材	jiàocái	교재
· 教师	jiàoshī	교사
· 教授	jiàoshòu	교수
· 教育	jiàoyù	교육
· 教训	jiàoxùn	교훈

예 教师应该具备哪些条件?
교사는 어떤 조건을 반드시 갖춰야 합니까?

예 你应该吸取教训，改进工作。
당신은 교훈을 받아들여, 업무를 개선해야 한다.

◎ 培 양성하다, 기르다

· 培训	péixùn	양성하다
· 培养	péiyǎng	(학습을 통해)양성하다, 기르다
· 培育	péiyù	(인재를)양성하다, 키우다
· 培植	péizhí	(식물을)재배하다, 기르다, 가꾸다

예 企业应该培养知识型人才。
기업은 반드시 지식형 인재를 양성해야 한다.

예 员工培训有利于企业的发展。
직원 교육은 기업의 발전에 도움이 된다.

▶ 의료

◎ 医 치료하다, 의사

医生	yīshēng	의사
医院	yīyuàn	병원
医疗	yīliáo	의료
医保	yībǎo	의료 보험
医术	yīshù	의술

예 我在首尔最有名的医院工作。
나는 서울에서 가장 유명한 병원에서 근무한다.

예 医疗保险费由用人单位和职员个人共同缴纳。
의료 보험비는 고용업체와 직원 개인이 공동으로 납부한다.

◎ 病 병, 병이 나다

看病	kànbìng	진찰하다, 진찰을 받다
生病	shēngbìng	병이 나다
病人	bìngrén	환자
病房	bìngfáng	병실, 입원실
病情	bìngqíng	병세

예 我生病了，想请假去看病。
제가 병이 나서, 휴가를 내고 진찰 받으러 가고 싶습니다.

예 他的病情明显好转。
그의 병세는 확연히 호전됐다.

▶ 금융

◎ 金 금, 돈

佣金	yòngjīn	중개 수수료, 커미션
租金	zūjīn	임대료
押金	yājīn	보증금
金融	jīnróng	금융
滞纳金	zhìnàjīn	체납금

예) 订饭店的押金是多少?
호텔을 예약하는데 보증금은 얼마인가요?

예) 不少毕业生都希望从事金融方面的工作。
적지 않은 졸업생들이 모두 금융 분야의 일에 종사하기를 희망한다.

◎ 款 금액, 비용, 경비

付款	fùkuǎn	돈을 지불하다
贷款	dàikuǎn	대출하다, 차관
借款	jièkuǎn	돈을 빌리다, 빌린 돈
汇款	huìkuǎn	환으로 송금하다, 송금한 돈
款项	kuǎnxiàng	경비, 비용(특정 용도로 쓰이는 액수가 비교적 큰 돈)

예) 韩国的大企业都给员工提供住房贷款。
한국의 대기업은 모두 직원에게 주택 구입 대출을 제공한다.

예) 会计中款项一般包括各种备用金、现金以及银行存款等。
회계에서의 경비는 일반적으로 각종 예비금, 현금 및 은행 예금 등을 포함한다.

▶ 법률

◎ 法 fǎ, 법률

· 法律	fǎlǜ	법률
· 法规	fǎguī	법규
· 法务	fǎwù	법무
· 法院	fǎyuàn	법원
· 法官	fǎguān	법관, 사법관의 통칭

예 我们应该遵守法律、法规。
우리는 반드시 법률, 법규를 준수해야 한다.

예 法务部的主要业务是什么?
법무팀의 주요 업무는 무엇입니까?

◎ 规 guī 기획하다, 꾀하다, 규범, 규칙

· 规律	guīlǜ	규율
· 规定	guīdìng	규정, 규정하다
· 规则	guīzé	규칙
· 常规	chángguī	관례, 범례
· 规范	guīfàn	규범, 모범, 본보기

예 我的生活习惯不太规律。
나의 생활 습관은 그다지 규칙적이지 않다.

예 合作协议里规定了双方的权利和义务。
합작 협의에 양측의 권리와 의무가 규정되어 있다.

▶ 심사

◎ 审 심사하다, 조사하다, 분석하다

• 审查	shěnchá	(제안, 계획, 저작, 경력 등을) 심사하다, 심의하다
• 审定	shěndìng	심사하여 결정하다
• 审核	shěnhé	(주로 숫자 자료나 문서 자료를) 심사하여 결정하다
• 审计	shěnjì	회계 감사를 하다
• 审批	shěnpī	(하급 기관의 보고서, 청원서 등을) 심사하여 비준하다

예 财务部审查经费以后三天之内报销差旅费。
재무팀은 경비 심사 후 3일 이내에 출장비를 정산한다.

예 公司已经审批了我的新产品研发计划。
회사는 이미 나의 신제품 연구 개발 계획을 심사하여 비준하였다.

◎ 考 시험을 보다, 테스트하다

• 考查	kǎochá	검사하다, 체크하다
• 考核	kǎohé	심사하다, 대조하다
• 考察	kǎochá	정밀히 관찰하다, 현지 조사하다, 시찰하다
• 考评	kǎopíng	심사하여 평가하다
• 考虑	kǎolǜ	고려하다

예 开展员工业绩考核也是人事部的一项主要业务。
직원의 업무 성과 평가를 진행하는 것 역시 인사팀의 주요 업무이다.

예 合作公司的代表团来考察我公司的商品生产线。
합작 회사의 대표단은 우리 회사의 제품 생산 라인을 시찰하였다.

▶ 계약과 체결

◎ 签 사인하다, 서명하다

· 签字	qiānzì	사인하다
· 签名	qiānmíng	서명하다, 사인하다
· 签合同	qiān hétong	계약서에 사인하다
· 签证	qiānzhèng	비자
· 签约	qiānyuē	(조약·계약서 등에)서명하다

예 请您在这里签一下名。
여기에 서명해 주세요.

예 我想办去中国的签证。
저는 중국 비자를 신청하고 싶습니다.

◎ 合 합치다, 모으다, 어울리다, 닫다

· 合并	hébìng	합병하다
· 合伙	héhuǒ	동료가 되다
· 合同	hétong	계약서
· 合作	hézuò	합작하다
· 合计	héjì	의논하다, 계산하다

예 请你帮我准备两份合同。
저를 도와서 계약서 두 부를 준비해 주세요.

예 找合作公司时要注意哪些事项?
합작 회사를 찾을 때 어떤 사항에 주의해야 합니까?

중국어 대비 멀티캠퍼스 Best 온라인 과정

新BCT 대비 멀티캠퍼스 Best 온라인 과정

과정 특징
- BCT 평가 주관사 멀티캠퍼스에서 제시하는 고득점 전략
- 새롭게 바뀐 BCT(Business Chinese Test) 문제 유형 완벽 분석
- 엄선된 빈출 문제 풀이를 통한 실전 감각 UP
- 비즈니스 핵심 어휘 및 표현 학습을 통한 비즈니스 중국어 회화 능력 향상

초단기 新BCT Speaking 공략   초단기 新BCT Speaking 실전테스트   新BCT 첫걸음 A형 공략   新BCT 첫걸음 B형 공략

OPIc 중국어 대비 멀티캠퍼스 Best 온라인 과정

과정 특징
- OPIc 평가 주관사 멀티캠퍼스에서 개발한 국내 유일무이한 OPIc 중국어 대비 과정
- 최신 경향을 반영한 빈출 문제 및 OPIc 중국어 전문가가 제시하는 고득점 전략
- 시험장에서 바로 활용할 수 있는 핵심 패턴 및 어휘 제공
- OPIc 레벨 달성과 중국어 회화 실력 향상을 동시에 만족시켜 주는 과정

New OPIc 중국어 첫걸음   OPIc 중국어의 정석! IM공략   OPIc 중국어의 정석! IH공략

TSC 대비 멀티캠퍼스 Best 온라인 과정

과정 특징
- 최신 시험 경향을 반영한 국내 최고의 TSC 대비 과정
- 단기간에 레벨 UP! 하기 위한 핵심 전략과 유형별 공략법 제시
- 실제 시험과 유사한 실전테스트 제공
- 다양한 표현과 문장 확장 연습을 통한 중국어 회화 실력 향상

한달에 끝내는 TSC 첫걸음 3급공략   한달에 끝내는 TSC 실전테스트   초단기 TSC 4급공략   초단기 TSC 4급공략 실전테스트

온라인 교육과정 문의 TEL 1544-9001 | Website www.opic.co.kr

OPIc 대비 멀티캠퍼스 Best 온라인 과정

OPIc 전략과정
한국인의 말하기 취약점 분석 기반의 OPIc 전략과정

한국인의 말하기 특징 분석 IL공략	한국인의 말하기 특징 분석 IM공략	한국인의 말하기 특징 분석 IH공략	한국인의 말하기 특징 분석 AL공략

OPIc 등급공략과정
OPIc 주관사 멀티캠퍼스에서 제시하는 레벨별 맞춤 공략 과정

New OPIc 첫걸음	New OPIc SOS Start	New OPIc SOS IM공략	New OPIc의 정석! IH공략

OPIc 실전과정
OPIc 최고 강사진이 전하는 최신 경향의 실전 대비 과정

OPIc IL Master	OPIc IM Master	OPIc IH Master

OPIc 특화과정
니즈에 따라 선택 가능한 맞춤 특화 과정

막판뒤집기 2주 완성 학생편/직장인편	OPIc 모의테스트	Talklish OPIc IL/IM/IH
		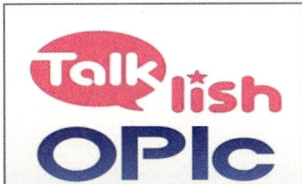